BARNEHAGE

家庭养育七步法 ③

帮助孩子寻找自我

（2~6岁）

Hedvig Montgomery
[挪威] 海德维格·蒙哥马利 ———— 著   马博 ———— 译

北京联合出版公司
Beijing United Publishing Co.,Ltd.

图书在版编目（CIP）数据

家庭养育七步法. 3, 帮助孩子寻找自我 /（挪）海德维格·蒙哥马利著；马博译. --北京：北京联合出版公司, 2023.10
　　ISBN 978-7-5596-7121-9

Ⅰ. ①家… Ⅱ. ①海… ②马… Ⅲ. ①幼儿教育—家庭教育 Ⅳ. ①G781

中国国家版本馆CIP数据核字（2023）第122385号

Copyright © Hedvig Montgomery & Eivind Sæether [2019]
Published by arrangement with Salomonsson Agency, through The Grayhawk Agency Ltd.

Simplified Chinese edition copyright © 2023 by Beijing United Publishing Co., Ltd.
All rights reserved.
本作品中文简体字版权由北京联合出版有限责任公司所有

家庭养育七步法3：帮助孩子寻找自我

[挪威] 海德维格·蒙哥马利（Hedvig Montgomery） 著
马博　译

出　品　人：赵红仕
出版监制：刘　凯　赵鑫玮
选题策划：联合低音
责任编辑：蒯　鑫
装帧设计：聯合書莊

北京联合出版公司出版
（北京市西城区德外大街83号楼9层　100088）
北京联合天畅文化传播公司发行
北京华联印刷有限公司印刷　新华书店经销
字数154千字　880毫米×1230毫米　1/32　7.75印张
2023年10月第1版　2023年10月第1次印刷
ISBN 978-7-5596-7121-9
定价：49.80元

版权所有，侵权必究
未经书面许可，不得以任何方式转载、复制、翻印本书部分或全部内容。
本书若有质量问题，请与本公司图书销售中心联系调换。电话：（010）64258472-800

目 录

孩子需要你　001
一个新世界正在打开　005
　月球之旅　008

I　家庭养育七步法　011

第一步　**增强情感纽带**　013

第二步　**理解孩子的重要感受**　027
　为孩子指点道路　027
　做孩子情感的侦察兵　029
　给孩子时间　030
　如何为孩子指明方向？　032
　孩子的练习实验室　036
　等待，直至灯亮　038

第三步　**反思自己的反应模式　049**
　　"我不应该是那个人"　050
　　快速反应　052
　　停下来，好好想想！　053
　　失败感和耻辱感　055
　　你内在的父性或母性　058
　　儿童逆反年龄阶段　060
　　避免权力斗争　062
　　作为失败者的孩子　063
　　把孩子意志的增强看成一件积极的事　064

第四步　**正确设定边界　071**
　　行使权力和后果　072
　　孩子如何学习？　075
　　纪律性　076
　　几岁可以拉紧琴弦？　078
　　如何避免溺爱？　079
　　必须说"不"的情况　081
　　学习用评价代替斥责　082
　　空洞的威胁　083

第五步　协调家庭关系　089
"我必须自己做所有的事情"　090
正确地感知伴侣　093
关于性生活　094
保　姆　098
嫉　妒　098
展现团队精神！　100

第六步　管好你的情绪　107
通往孩子的内心　108
糟糕的惩罚方式　109
重要问题的一个答案　112
找到正确的方法　113
被遗弃的孩子　114
充分地理解　115
分析藏在背后的深层次原因　117
给孩子一些时间　118
吃一块巧克力吧　119

第七步　**学会适当放手　123**
　　洞穴和帐篷　124
　　没办法安静地坐着　125
　　过分热情的父母　126
　　人们如何才会变得擅长某件事？　129

II 幼儿园阶段的重要话题　135

幼儿园　139
幼儿园应该是什么样的？　140
小心翼翼的孩子　143
关于朋友，最重要的是什么？　146
欺凌　147

兄弟姐妹间的纠纷　155
争吵也重要　156
吵架意味着亲密　159
权力关系　160
不惜一切代价实现和谐　163
他仍然咬人打人！　163
当家庭里即将迎来一个新的小生命时　166

饮食营养　175
饮食习惯　176
挑食的孩子　176

不懂得适度进食的孩子 178
抗议进食 178

睡　眠 185
准备上床睡觉 186
睡觉的时间和次数 187
夜间惊厥 189

电子媒体和屏幕类产品的使用 195
完全限制 197
想象和扮演的处理模式 200
你的个人社交媒体 201

分居或离异家庭的孩子 205
你的新伴侣 208

谈论一切事情 211
与孩子交谈的艺术 212
孩子们总是说实话吗？ 215

与孩子谈谈感受！ 217

孩子有特殊的障碍怎么办？ 223
父母有好好管理自己情绪的义务 227

致　谢 233

参考文献 235

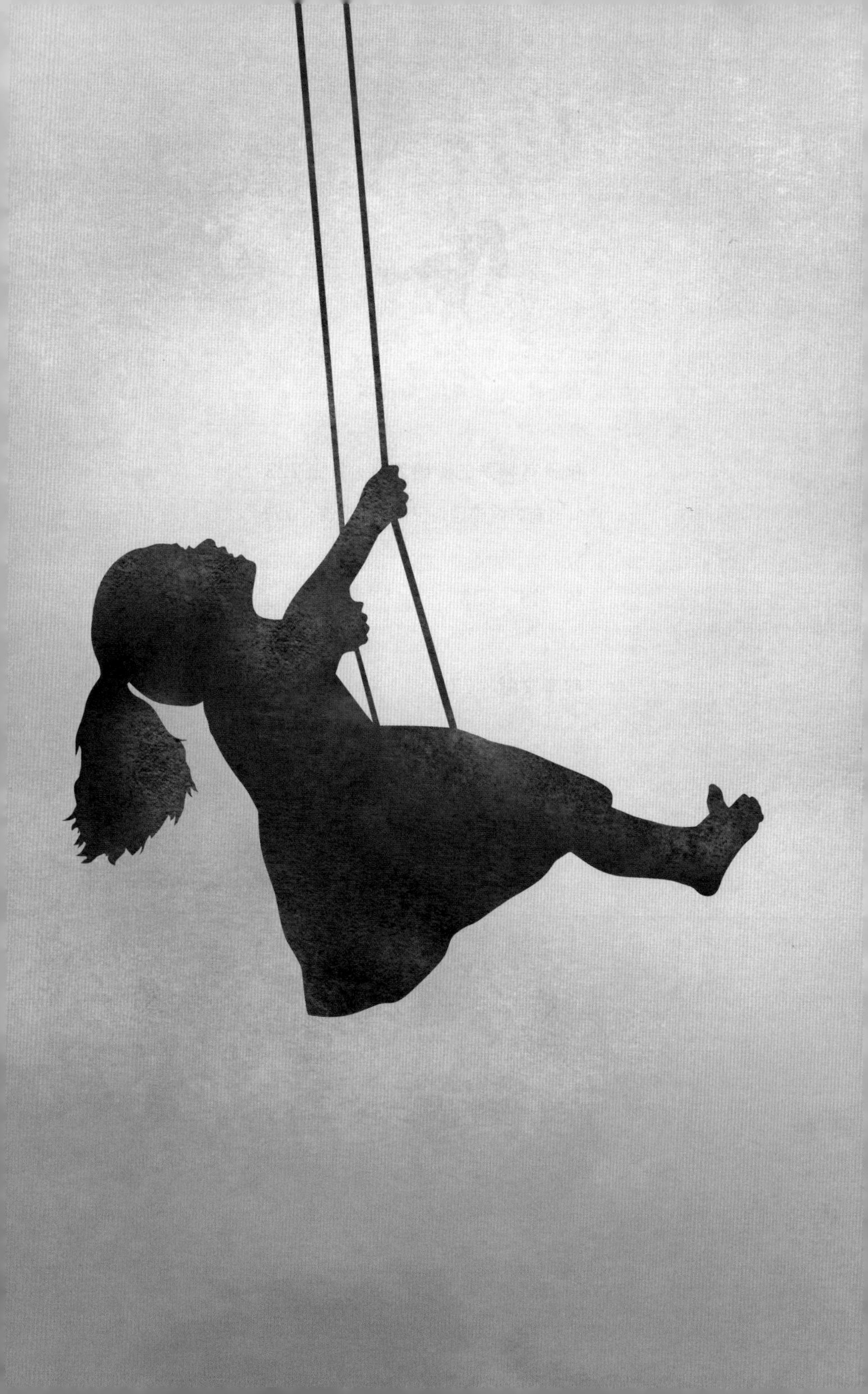

孩子需要你

在 2~6 岁这个年龄段，孩子会发生最快、最深刻的变化，而且越接近 6 岁，同龄孩子间的差异就会越明显。有些刚上小学的孩子已经可以放学独自回家并准备餐食，而有些在上厕所时还离不开大人的帮忙；有些还不认识字母，但另一些已经能读完一整本书了。这些差异使我们很难对儿童的发育阶段进行明确的划分，但从另一方面来说，它们并不是儿童成长过程中至关重要的、起决定作用的因素，真正重要的是家长们在这个阶段要持续帮助孩子寻找自己的位置，随着孩子的不断成长，当下这些差异将很快得到调整。帮助孩子进行相应的调整，是父母迈出履行自身职责的重要一步。

各个家庭之间结构的不同造就了彼此生活方式的差异，这些差异体现在家庭日常活动的方方面面，打个比方，并不是每个父母都有能力或者意愿让自己的孩子上日托班。但只要你为自己的家庭生活打造一个良好的运转系统，那么这些家庭状态的差异便不会对孩子的成长造成太大影响。本书可以帮助你在接下来的几年里培养孩子更活跃的思维能力,帮助他们正确应对自身情绪波动和身边的剧烈变化,它还能在你与孩子打交道时为你提供帮助。

你首先要了解的一件事是:这个年龄段的孩子,对父母提出的要求会比以往更高。

无论你的家庭结构是怎样的——是单亲家庭,还是父母共同照顾孩子,或者是孩子们并非同父或同母的重组家庭:只要你有孩子,就必须把自己作为个体积极参与到家庭生活当中,找到彼此正确的相处方式,同时确保孩子们之间互相了解。

作为父母,你必须为家庭生活设定框架,重视自己与孩子之间那条重要的情感纽带。

未来几年会发生很多事情，我们的家庭会充满各种瞬间：那些流淌的眼泪、欢乐的笑声、受到的伤害，那些大家一起看书的时间、被精心安排的夜晚，而你最应该做的事只有一件——陪伴。

孩子需要你，比需要其他任何东西都多。

祝你阅读愉快！

海德维格·蒙哥马利

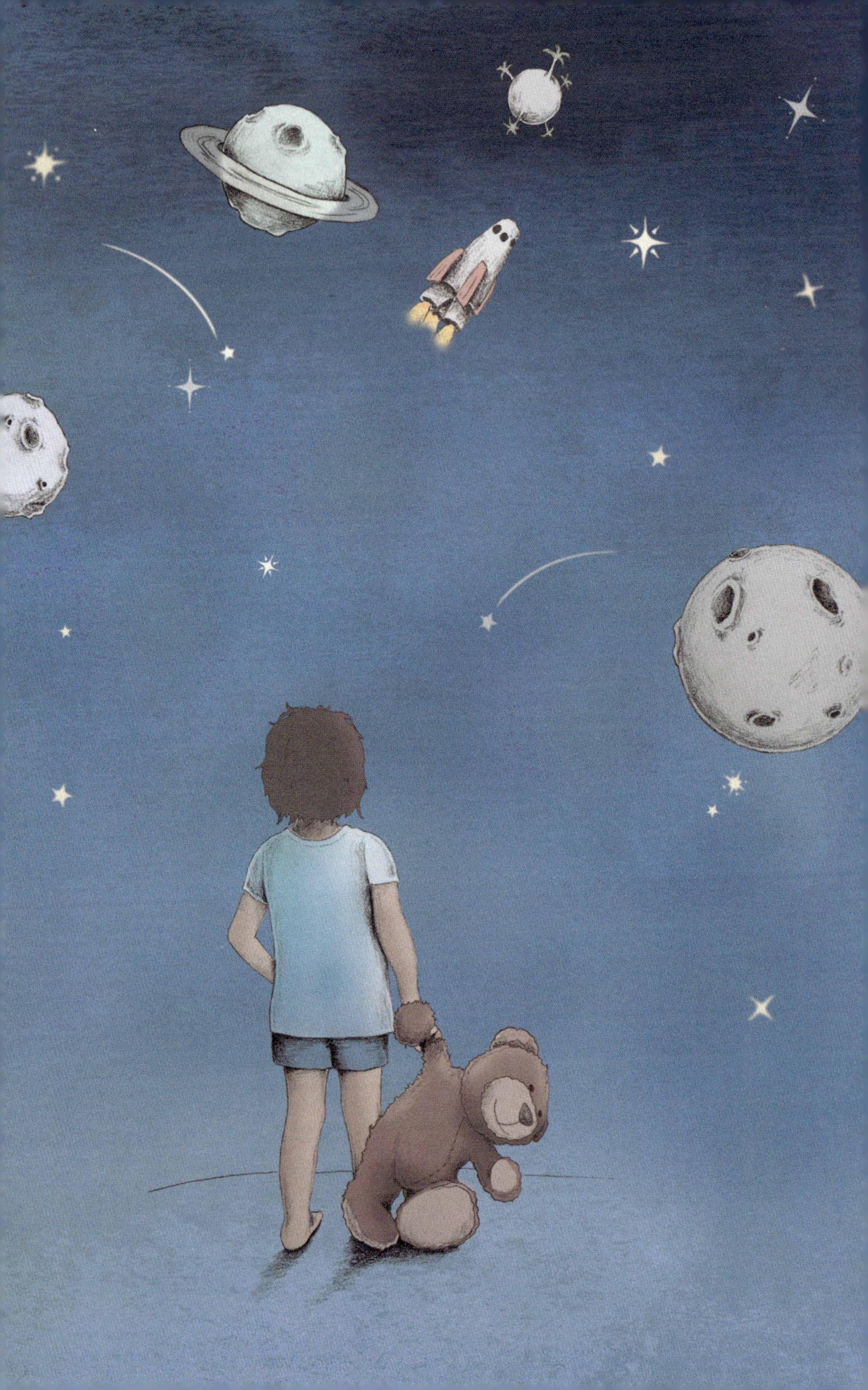

一个新世界正在打开

对于人类来说，幼儿时期是一段发现的旅程，孩子的眼界不断开阔，从眼前的具体事物扩展到无限浩瀚的知识的海洋；活动范围也不断扩大，从自己的小家到那些由小到大的社会团体，在这段旅程中，孩子们经历着巨大的变化。父母将在几年中看到孩子如何快速成长进步并逐渐变得独立，一直到某个时刻，他终于能够对你大喊："我长大了，妈妈！"

2岁的孩子还很难模仿你做的一切，然而一转眼，5岁的孩子已经整装待发，准备登上通往世界的帆船了。

他们的想象力在突然间就冲破了限制——似乎眼前的屋顶和墙壁都不复存在，他们瞬间就可以看到星星。

所有孩子都会经历这段疯狂的成长旅程，这段旅程在每个人心中都会播下一颗种子，它对我们承诺：一个新世界将为你打开。

没有什么能比5岁的孩子更能增强我对人类的信念了，一旦孩子踏上旅程，就会一往无前、永不停下，也正是在这个时间点，他们看到了宽阔的地平线，还有地平线上的各种视角，这些全都是打造一个人自我认知的重要部分，能够让孩子们对未来的自己进行一番基本描绘，逐渐明确自己想要成为一个什么样的人。

这几年对所有的人来说都是一段关键时期。孩子们从生活中学习，心中播下的种子不断成长。一个5岁孩子的心灵尚处于完全开放和客观的状态，没有偏见和先入为主的影响，永远不要对他说这件事做不到、那件事不可能。

来日方长，孩子们终究会有足够的能力去面对困难，肩负起那些艰巨的任务。

而现在，家长要做的就是让孩子心中的种子茁壮成长——在创造力、进取心和乐观精神等一切优秀品质的灌溉下，成长为一棵能够使世界变得更加美好的参天大树。让孩子们沉浸在自己的想象力中尽情玩耍，他们将学习如何成为社会的一部分，如何遵守规则，如何积极努力地去争取自己想要的东西。家长则要在这个过程中引导孩子发掘自我，明确自己真正想要的东西——然后这艘通往世界的帆船将带着他们驶向广阔的世界。

孩子们现在要学着准备好那些可以应对前方失败和挫折的工具，从而在未来某一天，可以双手紧握这些坚实的工具，顺利开启自己的梦想之旅。

他们可能会成功地实现自己的目标，也可能失败。

但无论结果如何，作为成年人，你都将目睹这个美丽的、同时又充满艰辛的飞跃过程，孩子们快速成长并变得独立：逐渐不再需要尿布，学会说"不"，吃饭不再需要帮助，语言能力越来越好，可以像大人一样说话，并在某一天提出关于这个世界的第一个问题。

对于孩子这个小小的人来说，这是一个大大的进步。

我敢肯定，今天的你身上依然带有这几年留下的痕迹——所以小心地呵护孩子的成长吧。

在这几年里，生活将使所有人经受考验，但作为父母，你可以伴随孩子共同成长，让那颗种子蓬勃生长，一段非常有意义的发现之旅正在前方等待着你。

月球之旅

小孩子一步一步地探索自己周围的世界。他们必须慢慢学会万事万物的运作和联结方式。他们必须明白,心灵和咖啡杯一样会破碎;当美好的事物闯进他们的生活,他们要张开双臂勇敢接受;如果感觉是不对的或者不好的事物,也要勇于说不。他们要学会骑自行车,试着自己给面包涂黄油,学习爬树,认识字母,学着自己系鞋带和上厕所。孩子们也逐渐开始寻找自己在世界上的位置,总有一天他们会认识到,在这个无限浩渺的宇宙中,个体的存在对于这个星球来说是多么微不足道;也会认识到,那些眼睛看到的东西和其内在的本质到底是什么。

要做到这一切,孩子们需要在这个社会里与他人一起经历、一起生活,学会爱别人,也爱自己。

在这个时候,你进入了孩子的世界。在这个漫长而令人兴奋的旅程中,你的孩子依赖父母的支持。孩子们通过与他人建立关系来获取知识,需要在父母的陪伴下进行学习,所以一定要花时间和孩子在一起。

另外请务必注意,那些在家庭生活中总是感到不安,或者在年幼的生活中遭受过重大心理创伤的孩子,其学习能力会大打折扣。他们无法探索新的发现，缺乏勇气去冒险，也无法踏上发现之旅——对他们而言，一切的关注点仅仅聚焦于如何活下去。

　　而那些充满安全感和自信心的孩子，则可以勇敢地登上月球，进行探索，并满载收获再次返回地球。

I

家庭养育七步法

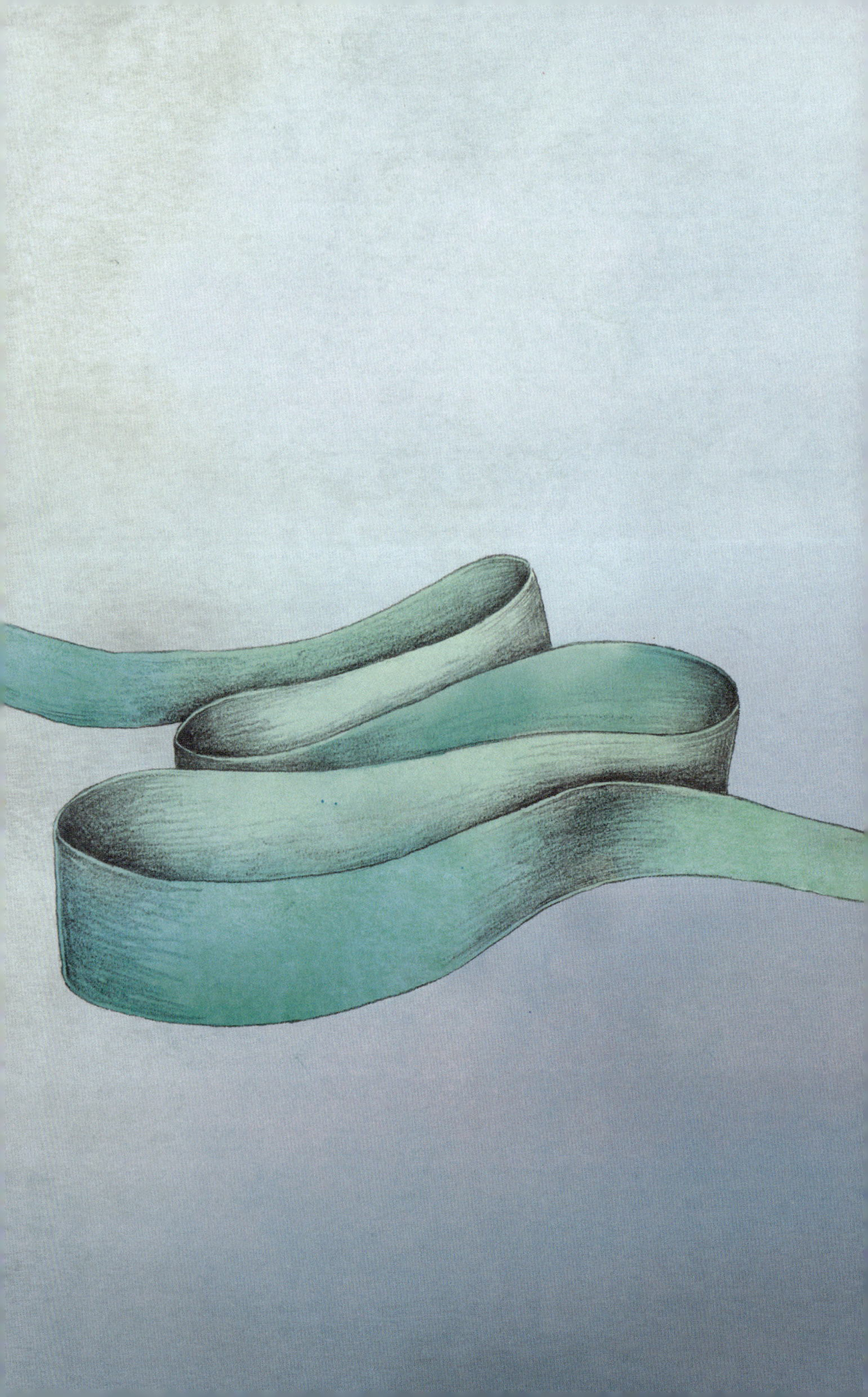

第一步
增强情感纽带

当孩子到了 2~6 岁这个年龄段,你将会越来越清楚地发现自己孩子的性格特质,并可以大致预测他将会成长为什么样的人,这从一些具体的事情上就可以看出来,比如孩子需要什么样的安慰,是否喜欢陪伴,等等。慢慢地,你会发现,自己的孩子可能是多愁善感的,也可能是积极乐观的,可能总是将快乐的情绪融入所有事情中,也可能总是小心谨慎地面对一切。每个孩子都有他自己的特点,你需要了解自己的孩子,他是谁,是什么样的人,需要什么,并好好陪伴他们。

到了幼儿园阶段,孩子们的情感将变得更加复杂,也能够越来越清晰地表达自己的感受。这时你的角色也需要随之发生变化,对于孩子来说,你是能够带来安全感的避风港,可以帮助他们平静下来,会轻轻地安抚他们并帮助他们擦干眼泪,你现在必须更多地学习如何应对并处理孩子的各种情感。在 2~6 岁这 4 年中,你的孩子会经历丰富多彩的情感爆发过程,伴随着各种奇奇怪怪的、令成年人觉得难以理解和沟通的状况，孩子总会为各种事哭闹着与大人争论，这很容易造成亲子关系的紧张。这个阶段的孩子为自己掌握了身体的平衡而感到兴奋，从一个刚刚学步的小小孩变成了一个认真的学童。你正在走上一段重要又辉煌的育儿之路，这也是孩子成长过程中一个特别重要的阶段，必须给予其正确的指导和支持。同时，你应该在孩子和自己之间建立起良好又坚固的情感纽带，自始至终，我都在努力强调这条纽带对所有父母的重要性。

　　情感纽带是成功育儿七步法中的第一步。一旦建立好这种情感纽带，你就可以为孩子提供坚实的安全感，孩子们将带着这种安全感走过托儿所和幼儿园，再将它带到之后的学校和成年后的生活中。你们之间的情感纽带会构建起孩子的个性基础，有一天他们会成长为一个独立乐观的人，无论是在家庭里还是走进社会，这种良好的个性都能够帮助他与别人建立起稳定的关系。

　　这条珍贵的感情纽带由三个部分组成，我在书中会描述为三个步骤。在幼儿园阶段，这三个步骤如下所示：

1. 为感情纽带打造一个安全的根基，让孩子在其中感到舒适

　　建立安全的根基意味着让孩子明白并相信，无论他们需要什么样的帮助，你都时刻在那里，为他们提供最坚实的臂膀。所有孩子都需要安全感，需要一个可以信赖的大人给他们带来舒适和放心的感受。他们需要你的帮助来解决大大小小问题，需要安全

的港湾和坚实的平台。

在幼儿园时期，艺术的沟通是最重要的，孩子们很清楚自己的想法，但孩子的想法与成年人的想法总是存在差异，这会令他们不知所措。孩子面对的问题对于你来说总显得微不足道或难以理解，但作为成年人，你却不得不安慰孩子，这会给你带来苦恼。但请放轻松，此时的安慰并不是要告诉孩子什么才是正确的，而是要让他们在当下这个时刻恢复平静的心情，并相信你会陪着他一起渡过难关。这种安慰，是我们可以为孩子们做的最美好的事情之一。

帮助孩子冷静下来的方法因人而异，有些孩子需要拥抱和抚慰，另一些孩子则需要独自一人深呼吸，静一静。

此时父母的任务是找出最适合孩子的安慰方法，并弄清楚自己需要在多大程度上参与其中，帮助孩子解决他们遇到的问题。

如果你在孩子遇到问题时表现出生气或绝望的态度，对他们大喊大叫，那对事态没有任何帮助；给孩子详细解释一切也是不可能的，因为当儿童处于这种极端情绪中的时候，他们的大脑无法记录新的信息，在这方面，他们与成年人没有太大区别。我们一旦沉浸于强烈的情绪之中，大脑就会自动进入保护模式，这时我们是无法获得新知识的，因此，在这种孩子感到不适的情况下教育他们没有任何意义。你或许会对孩子大喊一声："现在该哭够了吧，看，事情就这么简单！"但这往往并不奏效，孩子也许会哭得更凶。相反，保持稳定才是恰当的方式，是帮助孩子应对情绪波动唯一有效的方法。你需要对孩子多一些理解,帮助他们成为各种风浪中坚固的磐石,当孩子的世界被动摇了根基时,他们需要坚信,父母始终会作为他们舒适和安全的港湾。

找出最适合你家孩子的安抚方法,在孩子遇到每一个困难时都不放弃。如果你觉得任何方法都对孩子不起作用,或者孩子情绪失控,而你已经黔驴技穷,不知道还能做什么的时候,就请保证自己与孩子的亲密关系吧,向孩子表明你不会走开。当你以某种方式向孩子证明,你愿意随时为他们服务时,孩子就会又增添一份安全感。

2. 为孩子创建一个归属地

建立牢固情感纽带的第二个步骤是打造归属感。孩子们需要归属感,需要确定自己是某个集体的一部分,尤其是要确定自己是家庭的一部分——自己属于由父母和兄弟姐妹组成的团体。家庭是你为孩子打造的港湾,是孩子的一个固定的居所,在这里,你们一起做很多仅属于你们这个小团体里的大大小小的事情。不论是琐碎的日常小事,还是独特的值得纪念的大事,都会让孩子感觉到他在这个家里非常重要。

幼儿园的孩子们喜欢重复做同一件事,这也是他们获得安全感的一种方式——重复阅读相同的书籍,看相同的电影,吃相同的食物。在家庭生活中,重复的节奏和固定的习惯都有其很重要的地位,尤其对于有孩子的家庭来说,这些比其他事情都更加重要，例如，按照固定的时间规律吃饭，一起做每天都固定会做的那些事情，一起换上睡衣准备睡觉，早上起来有固定的流程，以及去托儿所的固定的时间和方式。

孩子们在身体上和心理上都更容易接受熟悉的事物，一方面，正如之前已经提到的那样，做熟悉的事能为孩子提供安全感；另一方面，孩子更容易通过已知的、熟悉的世界慢慢扩大到更大的未知世界。这个年龄段的孩子的视野会一天天扩大，作为父母的你应该参与这个过程。家长要密切关注孩子的变化。例如，3 岁的孩子想要的是去游乐场玩耍，而 5 岁的孩子可能更愿意去公园找朋友玩。随着年龄段的变化，孩子的喜好也会发生变化，这些变化发生的时候，家长要尤其留心。

对于一个成年人来说，总是阅读同一本书或把同一个拼图拼上两百遍可能会很无聊，但这就是这个年龄段孩子的学习方式：一遍又一遍地做同样的事情，直到有一天，他们的热情突然转移到新的、更复杂的事物上去。

请让孩子感受到，每次他在房间里出现时你都会很开心。这是让孩子获得安全感的最简单，也是最好的方式，这么做会让他相信，你们是团结在一起的小集体，他的存在对于家人来说非常重要，大家都很欢迎他来到这个世界上。

这也解释了为什么孩子在刚刚接触新奇事物时热情不高，他们首先需要慢慢培养一些安全感。

我和长子有一个属于我们自己的小习惯，在去幼儿园的途中，要在阿克塞尔夫河上的一座桥上停留片刻，并在灌木丛中采摘"希望浆果"。做这些事只需很短暂的时间，但却成为我们两个人之间固定的"合作项目"。这一刻只属于我们俩，儿子也很高兴。在日常生活的混乱中，拥有只属于我们两个人的东西真是太美好了。

所有的孩子都需要这个熟悉的可以彼此温暖的短暂时光，以及"只属于我们的感受"。

3. 接受孩子的情感

建立感情纽带的第三步是，认识到孩子所有情绪的发生都是有原因的，你需要弄清孩子正在经历的事情，感受他们的情绪，并认真对待它们。

在上一本书《家庭养育七步法2》中，我描述了婴幼儿的感受，无论是生气、害怕、高兴还是满意，他们的表达都是清晰简单的。但当孩子到三四岁，他们的情感和思想会更加紧密地联系在一起，这也造成了他们的感情世界变得越来越复杂。

大脑中负责调节情绪的区域正在成长，这个过程伴随着更为复杂的感受。孩子在这个时期会体验到自豪、羞耻和责任感等感受，它们都是复杂的情绪，无论是对成年人还是孩子来说

> 家庭的结构并不重要，重要的是每个家庭成员对我们来说都有自己独特的位置，尤其是对于孩子来说，让他们建立起对家的归属感非常重要。

都更加难以应对。

作为父母，这也对你提出了更高的要求，因为你必须比以往更加费心费力地想办法安抚孩子，让他们明白，自己的所有感受都是正常的，即使是最有压力和最负面的情绪也可以表达出来，然后一切最终都会好起来。

冬季开始了，漫长的黑暗总会令人难以忍受，我记得我儿子的幼儿园有一个小男孩，他在父母来接他时会用眼睛盯着地面不肯离开，他一感受到室外的寒冷，就变得特别伤心难过。他的父母不明白为什么让他坐上车回家这件事如此艰难。"天黑。"男孩激动地对父亲说。

"你不喜欢黑暗是吗？"父亲问。这种时候，大多数孩子的父亲都会说："但是晚上就这样。走吧，我们要回家了。"但这个父亲却没有这样做，他陪孩子坐到台阶上，说道："我想告诉你，我也认为黑暗太令人不爽了。但是我确信，黑暗不会有危险，明天早上天又会亮起来的，也许我明天可以在天黑之前来接你一次，这样我们就可以一起观察一下天色如何从亮到暗。"

这次小小的交谈解决了问题。父亲注意到了孩子的感受，并意识到了这种感觉的来源，然后帮助孩子重新理解了这个问题。突然，这个男孩拥有了一个全新的视角，这使他走出了对黑暗的恐惧。

每个人都能从被关注和被理解的感受中受益，尤其是那些人生刚刚起步的孩子，他们更需要依靠我们的帮助来解开心结，我们要接受他们的情绪，与他们一起解决问题。可以向孩子表达一下，从你的角度会如何感受和理解这个事物，在某种程度上让他们相信自己的感受是正常的，一切都没有错，你可以站在支持他们感受的一边。

孩子在这个世界上越有安全感，就越能够从容地面对未来的生活。

那些父母最常见的错误

2岁
让孩子离开自己的视野范围

仿佛昨天还是弱小无助的婴儿，今天就已经成长为一个机能良好的小人儿，可以独立走路，会表达困惑，会感知日常生活中发生的很多事情。但是2岁的孩子仍要依靠家长全方位的悉心照料，仍需要成年人的指导和密切关注。他们在3岁左右时才能独立做一些事，在那之前，你必须与他们一起玩，并一遍又一遍地为他们做同样的事情。即使他们看上去似乎对一切都挺适应，也不要高估这个年龄段的孩子。2岁的孩子动作已经十分敏捷，对各种事情也都充满好奇和渴望，但他们仍然缺乏判断力，会使自己陷入各种危险情况和事故之中，所以不要让他们离开自己的视线范围。

3岁
没有时间陪他们说话

3岁的孩子看起来已经像个小小的"知识分子"了,在语言能力上,他们已经从只会讲单词发展成可以讲长句子,对周围的世界也有了很多自己的想法,并想要表达出来。大多数3岁孩子已经很会说话了,但无法表述清楚的事情仍然很多,还需要父母花时间与他们进一步交谈。给孩子一些帮助,给他们足够的时间,让他们描述自己经历和发现的事情,让他们表达头脑中的想法。千万不要错过这个加强你们之间联系的黄金时期,否则通往梦幻般儿童世界的大门将被封锁。

3~5 岁
错误地责骂孩子

父母犯的最大错误之一是高估孩子的理解力。这个年龄段孩子的说话能力已经非常成熟，以至于我们总会高估他们的沟通能力，以为他们可以更好地领悟大人的意思，我们认为他们比我们想象的更好相处……总之，我们太容易相信小孩做"大事"的能力了。我总是一次又一次地向父母们强调——这个年龄段的孩子仍然需要很多时间来了解各种行为的后果，来发展控制情绪的能力，来增强判断力，这一切需要花费整个童年的时间来完成。不要因为孩子犯了错误就责骂他，其实很多错误都是因为孩子还不具备某些能力造成的。如果你说："你必须明白，不能去那里！"或"你必须知道，吃那么多蛋糕已经足够了！"，你就已经犯了这类育儿错误。如果孩子真正明白了这些道理，他们的行为是会有所不同的，作为父母，首先得教会他们要如何做。

5 岁
对待孩子不够真诚

这个年龄的孩子变得更加善于思考了。他们正在找寻世界上万事万物的意义，想与人谈论生命、死亡、天空中的星星和地球上的石头。可以说他们正处于童年的哲学探索阶段，而父母则有帮助他们寻找这些答案的任务。在孩子们提出问题时，你应该认真并很有兴趣地倾听他们的那些神奇的想法，并试着给出答案。让自己追随5岁孩子的目光看世界，一起发现世界的美好和神奇。

你面临的最大挑战是你无法给出很多问题的确定答案，而当孩子们没有获得满意的回答时，他们会一遍又一遍地提问。当然，诚实地对孩子说自己也不知道某些事情的答案是完全可以的，你也可以把问题转递给孩子，让他们去试着回答，不要认为自己必须正确回答出所有问题。你不需要无所不知，但要重视孩子的好奇心，然后与他们一起探究这些重要问题，一起踏上发现之旅，一起分享那些美好的事物。

5~6 岁
为孩子激烈的情感变化而惩罚他们

孩子在这一阶段正经历着巨大的变化,女孩通常会比同龄男孩先一步进入变化期。他们在这一阶段会变得特别好动,情绪容易爆发,很不好打交道。孩子很容易忘事,把大人的话当耳旁风,也常常表现得像个小小的暴动者,说粗暴的话,乱扔东西,砸门。许多人将此阶段称为"儿童青春期"。孩子现在必须学会处理自己的暴力情绪,因为它会极大地消耗情感,这对于包括你在内的每个家庭成员来说都非常艰难。如果你以前面对的是一个小哲学家,那么现在在你面前的则是一个暴躁的"小敌人"。但正是在这个时候,你迈出了更加了解自己和孩子的重要一步,要记得,这是孩子的一个正常的发育阶段,与他们大脑的转化过程有关。

在此阶段,充足的睡眠尤为重要。可以适当限制娱乐活动,尤其是在上小学的第一年。这时父母面临的挑战比以往任何时候都多:如何不与孩子较劲,不惩罚孩子或对他们大吼大叫,等等。孩子这时正在经历的变化是他们成长发展的自然组成部分,他们此时更需要与你保持亲密的关系。就像许多其他阶段一样,这一阶段终将过去。

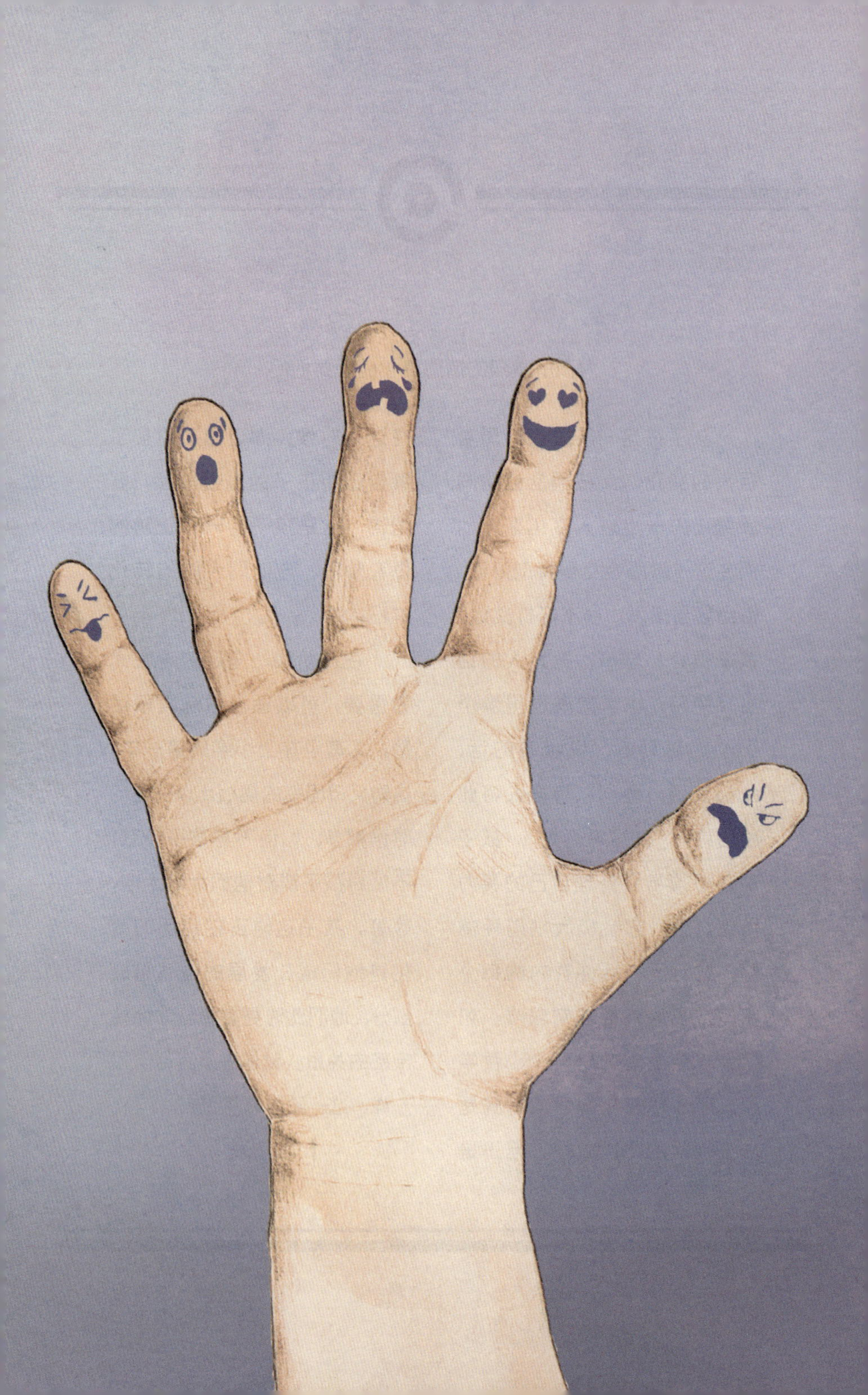

第二步
理解孩子的重要感受

在幼儿园时代,家长最应该关心的是孩子的情绪发展。他们正经历着一种新的、复杂的情绪发展历程。作为父母,现在最重要的是对这场情绪风暴保持冷静。

哭泣、愤怒、沮丧等情绪都会经常爆发,希望和失望将会让孩子轮番经历。

在这段时间里,孩子将进入一个友好且新奇的世界,只有父母会确定知道走进并经历这片风景的最好方式,只有你可以为孩子提供一切相关的背景信息,给他确定的方向,并使这些深切的感情变得不那么暴力。

有一件事确定无疑——孩子现在需要你。

为孩子指点道路

当 2 岁的孩子发自内心地大笑时,这种笑是喜悦的、单纯

> 通过对生活的感受，孩子们学会了如何处理日常遇到的各种事，但他们还不能独自应对一切，仍需要你的帮助和安慰，作为家长，你要为孩子指明道路。

的，是自出生起便携带的本能反应；当3岁的孩子害怕窗户上的阴影时，这种害怕也是一种真实的恐惧。

孩子的这两种情感——喜悦和恐惧，都表现得强烈又直接。当一个4岁的孩子在街上遇到一个乞丐时，他（她）可能会被深深震撼，他们会强烈地感受到有这样一个需要帮助的人坐在那里，承受着饥饿和寒冷。成年人对这种景象感到麻木，因为我们已经习惯了自己无法帮助所有人的这个事实，但对于一个4岁的孩子来说，这是一个深刻的震撼。当一个5岁的孩子抬头凝望浩渺苍穹，想知道生命的意义以及人类在地球上扮演的角色时，也会发生同样的事情：成年人已经知道，有些问题我们无法回答，于是我们致力于解决身边的小问题，无视月球、无限的宇宙、黑洞、暗物质和光年长度等令人感到遥远的事物。我们成年人每天重复吃早餐、上班等日常活动，早已默认自己无须了解所有知识。

这个年龄的孩子眼中有光，那是单纯美丽又没有任何偏见的目光，但这也意味着，他们所经历的一切都会对他们产生深远的影响，在他们人生的这张白纸上留下浓墨重彩的痕迹。孩子可能会因为鞋子没有按要求摆放而发脾气，可能会对一个完全无害的事物产生极大的恐惧，也可能因为丢失或一时找不到某样东西而感到很伤心……所有这些情绪的爆发，根本没有常规可循。这是孩子们第一次感受到多种多样的情绪，而且感受总是出现在语言能力之前，所以他们很难将自己的感受转化为语言。

对于孩子们来说，能够给予温暖和安全感的成年人是他们在这个情感世界中唯一的寄托，孩子们这时所拥有的只有你。在初体验各种情绪的旅途中，你可以为他们指明道路，帮他们了解地形，教他们如何跨过深谷，面对山洪。孩子不能独自走这条路，需要有人给他们提供支持与引领，并在他们遇到问题时冷静地向他们保证："别担心，我在这儿。"

如果你不这样做，孩子情绪体验的旅程将充满坎坷。

做孩子情感的侦察兵

作为家长，你是孩子情感问题的侦察兵，知道孩子必须遵循的路线，但你的任务只有陪伴，孩子必须自己开启旅程。你无法要求一个3岁的孩子在看到地板上飘动的窗帘影子时不害怕，不能只是简单地对孩子说："没事的，你完全不必担心！"要知道，你自己已经花费了半生的时间来控制恐惧的情绪，回想一下，是否曾有人向你展示一种温暖有力的安抚方式：握住你的手，陪着你经历,一直到你觉得没必要再惧怕黑暗为止。

当孩子经历情感爆发时,请站在孩子身旁:"是的,我可以理解,它看起来很恐怖。来吧,让我们一起仔细看看发生了什么。是窗帘的影子,你看到了吗?"当孩子平静下来并回到床上后,你可以说:"现在好点儿了吗?还害怕吗?你睡着前我会一直在这儿陪你。"

给孩子时间

孩子需要确定,你能够理解那些他们无法用语言表达清楚的事情。孩子如果被那些汹涌的感受淹没、控制,就无法搞清楚这些情绪的起源,并且没有机会去克服并主导自己的情绪。在这种情况下,孩子总会制造出不少让你吃惊的"状况"。

你应谨慎做出反应,不要着急、烦躁、没有耐心。要时刻提醒自己,孩子所有的感受都有原因,他们要确保在遇到困难时你会坚定地与他们在一起。因此,让孩子"暂停"或类似的管制会损害你与孩子之间的关系,并危及情感纽带,会导致你失去了解孩子的机会,从而无法帮助他们应对自己的情绪问题。"暂停"传达了一个信息:"我不能以你现在的方式来支持你。"在那一刻,成年人忘记了,孩子事实上还不能在理性与感性之间架起桥梁,父母如果在孩子需要"情绪侦察员"时没有及时挺身而出,却为孩子做不到的事情而去惩罚他们,这会让孩子感到失望。

越来越多的孩子来到我的诊所接受治疗，我也越发深刻地意识到，没有什么比搭建情感桥梁更重要。如果我能成功与这个孩子建立起情感的联系，便可以看到孩子在这整个过程中发生的变化——面部表情逐渐变得柔和，在沙发上慢慢地接近我。与之相反的，如果孩子觉得自己出了什么问题，便会缩进角落，双臂交叉在胸前，独自一人应对自己的感受。

作为父母，我们总会时不时遭到孩子的拒绝，并将拒绝理解为一种反抗，一种对家长的抵制，但实际上我们应该反过来看待这种行为，与其思考"现在他拒绝我"，不如对自己说"现在我还没有成功建立通往他心灵的桥梁"。有一点必须明确：父母要承担责任，关注那些孩子拒绝你的事情本身。如果你将这种拒绝定义为孩子针对你，那就很容易导致你将孩子推开。你可以采取另外的方法，以更加平静且安全的方式去接纳孩子，搭建情感桥梁。

在我们附近的购物中心，我注意到一个大约3岁的小女孩，

♥

就连成年人自己都很难控制住爆发的情绪，这对孩子来说就更不容易了。孩子需要很多年的练习才能掌握控制情绪的能力，他们在这个学习的过程中需要你的支持，毕竟我们的大脑比他们成熟至少20年呢。

她完全没兴趣和父母一起逛商店,而这对父母把女孩留在原地,自己一直往前走,想要由此给孩子一个信号:要是不想孤单地留在那儿就必须自己跟上父母。我知道,这是很多家长在与孩子们相处时常使用的方法,因为它很奏效,但这个方法会让孩子产生恐惧感,因害怕被遗弃而被迫紧紧追随在你身边。但仅仅因为某些方法行之有效就频繁使用并不能解决根本问题。永远不要离开孩子,我认识的所有父母都是一样的,总会对孩子的某些行为感到厌烦,但让孩子独自一人待在那里的做法只是一个信号,说明你没有成功与他建立起情感桥梁。你可以蹲在女儿面前问她:"你想回家吗?是不是觉得逛街时间太长了?我知道,但是我们再做一件事就回家。"如此便可以通过搭建情感桥梁的方式来帮助孩子克服消极情绪,而不是通过离开或是吓唬孩子来解决问题。

不要让孩子独自面对这些负面情绪。

你应该在孩子情绪爆发的艰难情况下保持冷静——切记,始终不要离开孩子。

如何为孩子指明方向?

这个年龄的孩子很容易惹怒父母。

他们的行为对我们而言常常是非理性的,我们也常常搞不清楚他们到底想告诉我们什么。但要记得他们不是成年人,他们将在未来很多年里努力学习如何应对自己的情绪,他们的情感世界也会变得越来越复杂。

请一遍又一遍提醒自己:在人类历史上,从来没有过哪个时刻,孩子因为被殴打或被威胁而变得理智。在他们感到害怕时,思想和情感之间的联系就被切断了,就像被蒙住了眼睛,看不到周围的情况一样。这样孩子们将无法接收你的任何指示,即便这些指示很常用,但受惊的孩子没办法学习任何东西。吓唬孩子往往会背离你想要达到的目的,甚至取得相反的效果。

那么,应如何给孩子提供最好的指导呢?

帮助孩子应对情绪的两个步骤

如果你的孩子对某件事感到厌倦、生气或绝望，家长在解决问题之前，首先要注意并感知孩子的情绪，然后才能进行指导。父母需要接受孩子所有可能出现的情绪，但这还不是全部，要继续帮助孩子保持镇定，等待他们擦干眼泪，然后你们一起重新寻找那些积极的东西。你需要给每个孩子上这堂重要的课：产生各种感受及情绪是可以被接受的，但生活总要继续下去。

在应对情绪的过程中，以下两个步骤很重要。

1. 探索情绪，表达理解

孩子的语言和表达能力越好，就越容易理解自己的感受，也会更容易应对情绪。"你为必须去幼儿园感到难过吗？我明白，你更喜欢待在家里。"

不论年龄大小，每个人都应该被关注和理解。参与孩子的情感，让他相信自己的情感在世界上占有一席之地，向孩子发出信号，表明你一直关注着他们的感受，这会给孩子一种安全感。有时你可能无法弄清楚问题出在哪里，那么如此安慰孩子就足够了："现在这样让你感觉很不舒服吗？"

当孩子的情绪变得更加复杂时，请务必留意那些正在发生的事情，帮助他们绕开可能激化他们负面情绪的环境。

2. 帮助孩子

然而，当孩子遭遇负面情绪时，你仅仅对这种感觉表现出理解是不够的，如果没有下一步的处理方案，会不利于孩子情绪的健康发展。作为成年人，不但要理解孩子所处的情绪环境，还要了解自己的孩子本身，从而知道如何帮助他摆脱这种情绪。

"我知道你不想去幼儿园，但是在那里的话你会感到很开心。猜猜今天那里会有什么？大型消防车还在不在呀？"

无论是孩子还是成年人都要明白，无论发生什么，生活都在继续。随着孩子慢慢长大，你也可以逐渐试着和他们谈论这个道理，3岁、4岁或5岁的孩子理解起来可能有点困难，而2岁的孩子对此还完全无法理解。你可以与他们谈论这些事实：与某些人成为朋友是非常有意义的；与他人分享是一件很美好的事；每个人都会时不时做一些愚蠢的事情，这没什么。但是，永远不要忘记，只有在孩子情绪稍微平静下来的情况下，这些谈话才有效果。

孩子的练习实验室

幼儿园时期是孩子发展想象力的阶段，想象力和各种感受奇迹般地联系在一起，拥有自己的幻想世界能使人发现自己的情感并有助于练习如何处理这些情感。可以说，想象力是儿童的练习实验室，他们在这里生活并学习有关的课程，逐渐成为一个健全的人。

如果你能以充满好奇的姿态来接纳这个美丽的实验室并尊重孩子，那么你会收获很多。但如果你认为孩子应该看到真实的世界，想给3岁的孩子提供一个"现实导向"的世界，那就是对孩子练习实验室的掠夺，会迫使孩子缩小自己的"宇宙"，他们会因此丧失掉一些安全感——既包括现在的安全感，也包括未来的安全感。

童年是多姿多彩的，你最重要的事情就是与孩子一起玩耍，陪他们进行一次想象力的旅行。

观察所有栩栩如生的事物，想象着可爱的毛绒玩具会自己站起来，还会说话；树木长出很多"手"，还会与石头悄悄交流；盘子里的蔬菜在微笑……孩子会为周围的一切物品赋予灵魂和语言。

从某种意义上讲，这就是他们最早与自己的玩具相处的方式：无论是棍棒、玩偶还是牙刷，孩子都可以发挥自己的想象力——与此同时，孩子也在这个过程中逐渐明白，他人对事物的感知方式会与自己有所不同，并通过这种方式进行反复的练习，训练自己与他人打交道的能力，从而学会融入社会并建立人际关系。这是关于未来生活的重要一课。

等到孩子三四岁时，他就会开始将注意力集中在其他人的角色上，孩子会想象自己是一位消防员、医生或妈妈，他们热衷于角色扮演游戏，会邀请你参加一个茶话会或一次大型狂欢晚宴。通过这种方式，孩子练习扮演不同的角色，并了解他人对此的反应。孩子们练习在各种社区活动中与他人一起生活的种种场景，当你被邀请参加当天的第七届茶话会时，请千万记住不要感到不耐烦，孩子将从中学到宝贵的经验。

孩子在大约 5 岁时会进入另一个充满自由想象力的阶段。"你说要一个太空飞船吗？没问题，我们现在就建造一个！"突然之间，每个人都可以成为公主或超级英雄——这个想象力的世界没有边界，孩子在这个世界中感到自己无所不能。孩子在成长的过程中需要这样的机会去了解自己，探索周围的环境，这样的话，等到他们上小学，就能对这些常见的游戏规则感到很适应，进而顺利掌握学习的规则，比如法规、算术练习等。在这样的情况下，孩子可以顺利走上适应社会、融入现实世界的道路，而现在，他们还不需要学习这些复杂的规则。

现在，他们首先要做的，仅仅是让自己沉浸在神话般的幻想世界中。

等待，直至灯亮

作为父母，凡是涉及孩子的事，都会毫不含糊，希望自己的孩子能够做到其他同龄人在幼儿园里能做的事情，能够多体验一些事，掌握一些技能，学习一些东西。与想象力领域一样，孩子们的社会交往世界也会越来越大，他们会一次次迈出新的一步——融入一个朋友圈子，或在家庭中找到自己的位置。

父母无须强制孩子做什么。当孩子自己准备就绪时，他们自然而然会采取下一步行动，总有一天，孩子会做那些应该做的事。作为父母，你可以按照这个步骤，观察孩子何时准备好去执行新任务，无论是参与新的游戏、活动还是冒险。这样，你就可以为孩子铺平道路，并教会他们用开放的姿态，为自己想要的东西付出持续的努力。

我们可以把孩子的大脑想象成一栋大型住宅。孩子们的工作是耐心地从一个房间到另一个房间，打开电灯开关，让灯光照亮一间间小公寓。你只有在指示灯亮起时，才能指示孩子进行下一步，如果你试图强行将孩子推入黑暗的房间来加快这一过程，将不会有任何好的结果。

对于儿童来说，不断尝试新事物是很自然的事，是他们的本性。如果你始终想创造更多的工作容量，接连不断地打开一个又一个房间、一套公寓又一套公寓的灯，直到整个建筑物都被照亮……

> 所有孩子都可以通过语言表达自己的情感，描述自己的情绪状态，他们会在这种表达中受益。这是通往美好生活的良方。

那对于父母来说有什么意义呢？请忘记自己的个人抱负，它们不适合出现在这里，每个孩子都有自己的节奏。

你应该与孩子一起，顺其自然地进行这些步骤，而不要揠苗助长。

啊！我做不到！

没有人会比3岁的孩子更容易发脾气。这个年龄的小家伙确切地知道自己想要达到的目标，但是手指的灵活度仍然不能保证他们获得成功：穿串珠、搭乐高积木、用铅笔写字、穿上衣服等等，所有这些事都会轻易触发孩子的愤怒，令他们没完没了地陷入各种失望之中。

愤怒是一种强烈的情感，由两种感觉组成：想要管理某件事的欲望和无法做到这一点的失望。在孩子爆发愤怒情绪的时候，成年人往往可以发挥至关重要的作用：愤怒的孩子向周围扔东西并造成严重破坏，

这太容易让家长自己也陷入愤怒，但是不要忘了，孩子这时正需要一个成年人去理解自己想要做成某件事的欲望和暂时做不到的悲伤，并帮助他继续做这些事。

请对孩子这样说："哦，亲爱的，你不能把串珠穿成你想要的样子吗？这没什么，大家都需要尝试很多次才能成功呢。"在孩子因为总也穿不好珠子而愤怒地将它摔到一边时，只有向孩子发送肯定的信息才更有可能引导他们再次尝试。

最糟糕的做法就是以一个成年人的身份告诉孩子这很容

易，然后自己做给孩子看。当然一个 3 岁的孩子对你能够轻易穿好串珠这件事并不会感到满意。不要试图去帮孩子做，而要引导他们再试一次，或者帮他们先整理清楚，以后再让他们自己去试，孩子总有一天会成功的。这就是愤怒的正面作用——为未来的成功奠定基础。

如果你想磨炼孩子的意志和勇气，从而对他们未来的人生产生积极影响，就必须先练习这些帮孩子处理愤怒的好方法。

孩子的身体发展

2岁——永远醒着!

小家伙会跑了!从2岁开始,他们就可以控制自己的身体啦。他们可以用自己特殊的姿势爬楼梯了——总是先用其中一只脚踩上阶梯,然后另一只脚再跟上。他们可以自己开门,可以将球踢出去,但仍然很容易失去平衡。除此之外,新的单词和句子不断从他们的嘴里蹦出来,使你不得不对家里这个小小的新人刮目相看。对于一个2岁的孩子来说,世界是广阔而令人兴奋的,他们想去探索和发现一切,但与此同时,他们仍然在很大程度上缺乏对自己各种行动后果的了解,缺乏对周围环境的洞察力,加上他们很快的移动速度,便会给父母带来一个巨大的挑战。永远不要让他们自己待着,即使只是很短的时间也有可能出状况。

这个年龄的孩子喜欢和语言有关的声音,喜欢与他人一起做事,一起分享东西,热爱模仿你的行为,并展示在幼儿园里学到的东西,尽管他们还不太清楚这些话语和行为的含义。即使在比较严厉的家庭环境中,你也可能听到2岁的孩

子像个足球迷那样骂骂咧咧。

　　这时他们对事物的理解力也在迅速发展，请确保孩子能把语言当作社交的工具和大脑的食粮——读有韵律的书籍，玩有规则的游戏。

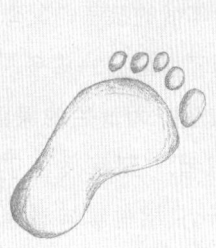

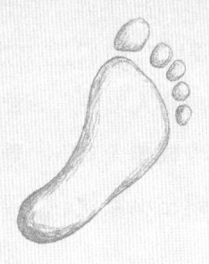

3岁——尝试和犯错

"我一个人可以做！"这是3岁孩子的呐喊。这时他们对自己身体的控制变得更加成熟，可以奔跑、跳跃、关闭简单的按钮、用勺子吃饭、用熟悉的杯子喝水并且不会洒出来。3岁的孩子也会更多地发现自我，拥有更多的愿望，作为父母，你会经常听到他们对你说"不"，例如"我不要！"。他们还会和其他儿童或成年人发生一些冲突，尤其是当成年人对孩子的期望和要求超出小家伙的承受能力时。

这时孩子的语言能力以前所未有的速度迅速发展，他们的词汇量呈爆炸式增长。但是，3岁的孩子不但要熟悉自己常常出现的感受，还必须面对并学着处理许多新的更复杂的感受。骄傲、愤怒和羞耻等感受不断增强，使孩子更加深刻地理解了成为社会的一部分意味着什么，也使他们能够更好地与其他孩子一起玩耍和分享。正是因为一切都太新了，所以出现冲突是不可避免的。

这个年龄的孩子的父母需要更多地了解自己的孩子，去弄明白孩子行为背后的原因。要经常思考："到底发生了什么？"这比只相信实际看到的要重要得多。3岁的孩子还无法像大孩子那样去表述所发生的事情，他们仍然需要你耐心支持。

4岁——"我无所不能！"

现在孩子4岁了，小男孩在各个方面都变得更加独立，小女孩与其他孩子一起玩耍，并提出关于人生的第一个问题。丰富的语言和夸张的词汇已经融入他们的生活，这个年龄的孩子即使威胁你说要离家出走也不足为奇，因为4岁的孩子想用自己掌握的所有方式去表达自我。在这个年龄，肢体类游戏和跳舞是不错的选择，过去那个小小的身体现在已经无所不能。

这时的孩子可以自己解决一些冲突，在与同伴一起玩耍时会相处得更加和谐，还会向你夸下海口，说自己什么都可以做到。但实际上他们仍然需要父母给予很多支持，你可以成为孩子休息的港湾、救火的队员，防备突然出现的问题，并给予他们必要的鼓励。4岁的孩子比其他年龄的孩子更容易被家长高估，你很容易就会认为孩子应该已经了解很多东西了，这也会导致你容易快速做出惩罚的反应。这是对孩子的误解：4岁的孩子需要自由，但同时也需要你时时刻刻的陪伴、支持，为他们指明方向，他们仍然无法独自做到很多事情。

5 岁——小哲学家

他们的身体现在变得更加修长，肢体反应的速度更快，突然之间，小探险家变成了小哲学家。5 岁的孩子越来越接近自己未来要成为的那个人了，他们之间的天性差异也越来越明显，看看你的孩子，是属于喜欢建造的人还是喜欢绘画的人。热衷反抗的时代虽然已经过去，但这并不意味着他们已经充分探索了自己的整个情绪体系，在 5 岁时，孩子们的情感更多转向了自己的内在，不安全感和恐惧感已现端倪，孩子们比以往任何时候都更需要受到启发和鼓励。你必须向他们证明，父母总会陪在他们身边。

孩子现在能够学习更多复杂的东西了，但是他们的专注力范围仍然很小。5 岁的孩子在自己选择的事情上可以表现出很大的毅力，但是如果你为他们指定练习或要专注的内容，他们顶多能坚持 5 分钟。至关重要的是，这些学习的单元不仅要短，而且要寓教于乐。

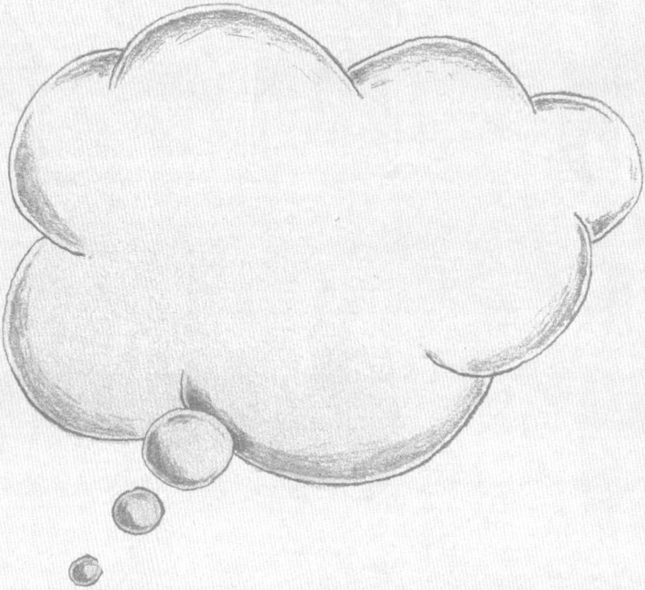

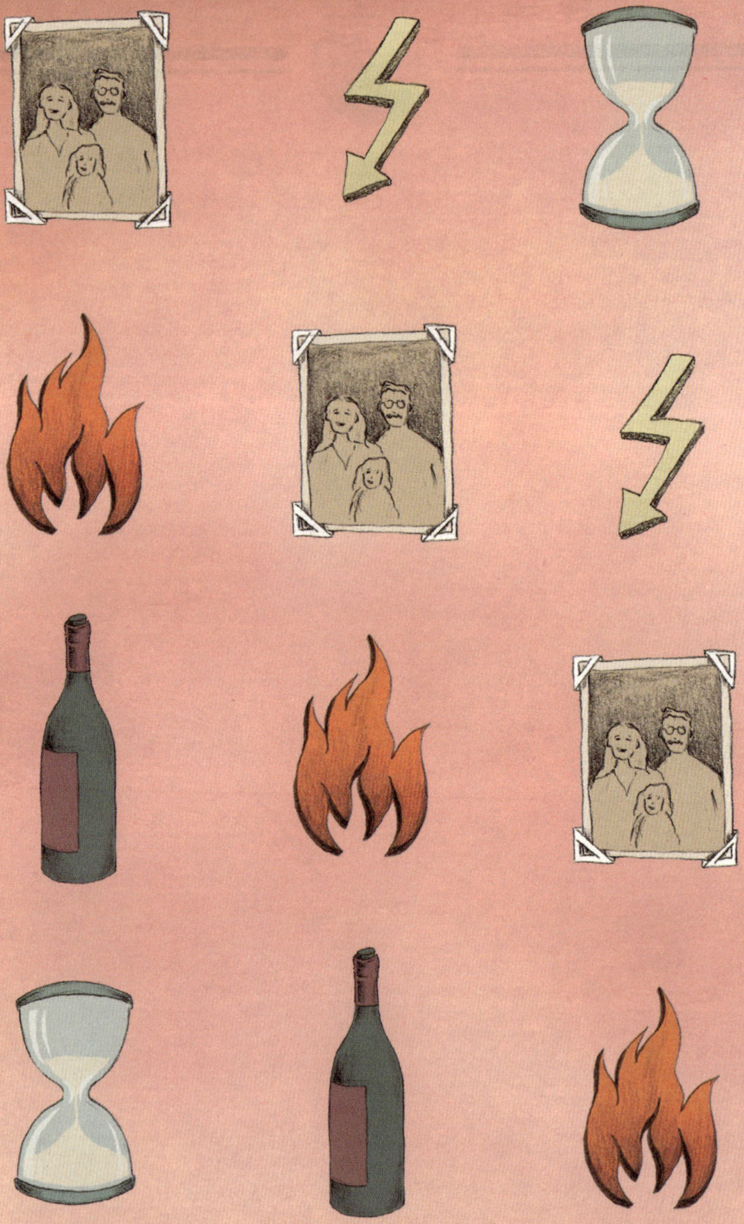

第三步
反思自己的反应模式

现在是时候面对自己的反应模式了。尤其是当孩子们处于叛逆期时，你会遭受意想不到的考验。也许你本来打算做一个友好耐心的父母，直到你的孩子在餐桌上无休止地发脾气，或者你儿子把你堵在门口和你辩论该如何系鞋带，以致差点把你绊倒。

现在，你将渐渐发现自己属于哪种类型的父母。在这几年，你将几乎每天都处在如此具有挑战的状况之中，这时你最直接的反应将逐渐揭露出你的真正面目。小孩打你时你会反击吗？女儿哭得没完没了时你会用力摇晃她吗？你会用自己童年时代父亲对待你的方式不断大声叫骂自己的孩子吗？我们中的大多数人都曾被孩子逼得性情大变过，但实际上，你可能只是恢复了自己的本来面目，变回了那个自己不愿面对的曾经的自我。

每个人都有童年，童年对于一些人来说是负担，对于另一些人来说则是轻松美好的回忆。我们所有人都要背负童年时代的痕迹：最初的羞耻、恐惧或悲伤的感觉，被背叛时的感受，以及被给予的安全感。

我敢肯定，没有完美的父母。我们所有人都曾受到过伤害，相应的经验使我们养成某些行为模式，自动应对类似的状况。这些反应对我们来说似乎自然而然，但很多时候，它们并不是正确的。而现在，你将与这个年龄段的孩子相处，也将直面自己因过往经历而形成的应对方式。

但你也有机会突破并改变这些模式，重新思考自己的行为。

"我不应该是那个人"

有一天，我认识多年的阿斯特丽德打来电话。她在有着严格宗教氛围的家庭中长大，很多行为在她家里会被认为是有罪过的或是不合适的，一旦触犯，父母便会采取严厉的惩罚措施。她记得自己很小就被殴打过，在变得符合要求之前一直被父母所羞辱。她总被恐惧和犯罪的感受笼罩，耗费多年才最终找到重新站起来的方法。终于有一天，她在这个世界上站稳了脚跟，完成了自己理想中的职业教育，嫁给了一个好男人并生育了孩子。她在给我打电话时情绪是绝望的，她说自己正处于崩溃的边缘。

阿斯特丽德告诉我她与4岁女儿之间发生的一件事。女儿为自己拿了太多蛋糕，阿斯特丽德斥责了她，然后把她关在房

> 你如果能更好地了解自己的童年，弄清楚它对你的影响，就能在养育子女方面突破惯有的模式。

间进行羞愧的反思。"当我责骂她时，我完全失去了控制。尽管我无数次发誓绝不会成为自己母亲那样的人。"

她向我描述女儿哭得有多厉害，以及她的丈夫看她的眼神，她也被当时的自己吓了一跳。于是，她一个人出门，独自走了很长一段路，直到筋疲力尽瘫倒在地。她打心底泛起了一种感受，觉得这个家里没有自己也许会更好、更融洽，自己的存在只会为家人带来伤害。

有很多小事情可能触发这种"过度反应"，触发我们旧有的行为模式。阿斯特丽德在这个突发情况下一下子要面对太多的事情：食物、羞耻、贪婪等，刹那间，一切都出了问题。尽管导致了不好的结果，但她马上就意识到自己做错了，她比童年时代要强大，还有一个善解人意的伴侣陪着她找寻原因并告诉她："我们绝不会用那样的方式来抚养孩子。"

尽管她感到绝望，但她拥有的这些可以帮助她摆脱原来的反应模式。

快速反应

我们当中的许多人本应拥有一个更好的童年,其中包括那些从小就学会与人保持距离的人、总是掩饰自己感情的人,以及习惯用愤怒做回应的人,他们总会比别人更快地感受到威胁,推开想要与自己接近的人,或者试图通过建立秩序感来控制混乱的状况。

这些本能的行为模式表现得各不相同,可能是清晰直接的、暴力的,也可能是不那么明显的、隐秘的,所有的这些经验都可能对成年后的你有用,但对家庭生活来说却毫无益处。家庭是大家在一起,遇到问题时保持亲密关系,而不是将对方推开,或者掌握控制权。

旧的反应模式给人带来的最大挑战是它们总会意外地发生。孩子的行为会突然触发你的习惯性反应,并且你很容易坚持认为这种反应是正确的,因为它是习惯性的反应,会自动运行。有些人认为这种激烈又突然的反应是有道理的,因为让孩子理解对与错很重要,有些人认为这只是对无法改变的现状呈现出的无可奈何,耸耸肩对自己说:"我就是这样的。"

许多人对自己做出的这种习惯性反应感到不舒服,他们已经意识到这样做是不对的,却没有反过来尝试去克服这种反应,他们觉得,与其找出自己反应模式的根源,还不如忘记并掩盖自己对整个事件的反应,并希望同样的事情不会再次发生。

我想给所有曾经历过这种状况的人一个邀请——邀请大家一起变得更好，无论是为人，还是做父母。

内疚感或羞耻感等强烈又极具主导性的情绪特别容易传递给自己的孩子，如果孩子在这种情绪的笼罩下成长，总会或多或少地被这种情绪影响，自己也会不自觉地练习这种反应模式，其负面效果是不言而喻的，对孩子有很大害处。这些你很早就十分熟悉并且依赖的反应模式也许曾经非常有用，如今却弊大于利。

我相信每一代人都可以做得比上一代更好，我们都可以以某些方式对自己的家庭历史和童年模式产生积极影响。最后也是很重要的一点是，要对自己充满希望，在我作为治疗师的工作中，从那么多人的生活中，我也深深意识到了这一点。拥有伴侣会让事情变得更容易，因为这样你就不觉得孤单，有人可以与你共同承担对孩子的责任，并可以作为一面镜子让你随时发现不足。如果你是单亲父母，则比其他人更有义务去不断地反思自己的行为。让内心发声，绕过最大的悬崖，消除顽固的模式。

停下来，好好想想！

阿斯特丽德打完电话后，我邀请她和她的丈夫过来一起聊天。她很少谈论童年时期发生的事情，宁愿不让任何人知道。

但现在她开始谈论起那些经历，惩罚和耻辱，以及自己一直以来是如何面对这些的。我们每个人都不是一张白纸，每个人都戴着自己的面具。阿斯特丽德的丈夫也分享了自己的童年，那些妻子从来不知道的细节。内在的羞耻感会导致我们远离其他的人和事。这次交谈使他们俩有机会彼此分享经历，从而变得更加亲密。

应对习惯性的反应模式，首先要学会停下来。当感受到自己错误的反应时，你要尝试着让自己停下来，让突然出现的错误反应慢慢蒸发掉。问自己一个问题："我想成为这样的母亲/父亲吗？"然后反思自己的行为："我为什么会有这样的反应？这个反应的根源是什么？"在此基础上，考虑如何更好地解决问题。

如果说孩子强烈激发出我们过去的反应方式，那么孩子也为我们提供了让一切变得更好的机会，促使我们成为更令人满意的自己。

在我的治疗室，阿斯特丽德重新思考了自己与女儿的对话，她说，她当时可以这样说："蛋糕很好吃对吗？我很高兴你喜欢，但你不能一下子拿那么多。可以先拿一块，吃完后再来拿一些。"

这听起来很简单，但如果想要深入了解自己的感受，可能会花费很多精力。但请记住一件事，这些旧的反应方式和感受都已经过时，不再适用于你现在的生活。要积极寻找新的行为

> **一步一步打造你自己的教育风格**
>
> 1. 请注意，幼儿园年龄段的孩子会以全新的方式挑战我们作为父母的身份，我们还需要在他们身上学习很多东西，请将这些挑战视为学习机会。
>
> 2. 自己的习惯性反应模式带来了问题，如果你想让自己正视并解决这些问题，请先停下来想一想："我为什么会有这样的反应？"
>
> 3. 问问自己："我该怎么办？"并寻找合适的替代方案。你不必在所有方面都做出完美的反应，但要坚持做自己能够做到的事。
>
> 4. 互相帮助！与伴侣讨论这种情况，找到你的个人教育风格，以及自己习惯性处理问题的方法。不要忘记，你们每个人都拥有一口袋自己的故事，现在，一起撰写一个新故事吧。

选项，将它们设置为你行为反应的基调。与自己的互动可能很乏味，但无论是对你个人还是对孩子来说，这一切都是值得的。

失败感和耻辱感

在某些情况下，作为父母，你会被置于大众的评价之下。你是否有过这样的感受：对自己不满意或者觉得自己没有达到别人的要求？

我仍然记得，自己曾为给孩子带的饭不够丰盛而感到羞愧。其他父母精心准备了摆放精美的水果和蔬菜饭盒，我却是在临出门前匆忙给孩子拼凑一些食物带上。有时我的丈夫送孩子出门时没有注意到孩子衣服是否沾有前一天的食物污渍，当我发现时通常为时已晚，来不及更换。别人会怎么想我们呢？这个想法使我脸红。

羞耻是一种具有压倒性和破坏性的感觉，它意味着我们想逃到某个地方，钻进地下或消失不见。羞耻感使人们难以清晰地思考，它始终是日常生活中令人不安的因素。孩子们需要在面对困难时拥有坚如磐石的父母，而不是寻找躲避空间的父母。

羞耻感使你感到孤独，如果它占用太多空间，则会阻碍你与亲人的关系，无法给孩子提供他们最需要的东西——接触交流和情感上的亲密。

当我们遭遇令人不知所措的情况时，几乎不会牵着孩子的手说："来吧，我们回家，躺在沙发上，让自己放松。"恰恰相反，我们总想掏出手机，翻阅互联网上的新闻，或独自喝一杯红酒。在这种情况下，你的做法实际上是转身离开孩子，而不是面对孩子并全力以赴解决问题。

羞愧感会自动带来毁灭性效果，这离我们并不遥远，因为你经常会在自己还没有意识到的情况下自动退出："我们失败了，我们有欠缺，我们是坏父母。"

相反，我们要积极寻找解决方案。如果你想成为好父母，应该对自己更友好，自我牺牲没有用处，你要明白，没有人是完美无瑕的，事情的结果往往也是中庸的。

事情如果没有按照想象来发展，往往会给人带来失败感，这时你应该这样想："好吧，今天就这样吧。下次我们必须做得更好。"面对彼此，共同努力是唯一有助于消除耻辱感的"解毒剂"。握住孩子的手，对其他人报以微笑，并相信大多数人与自己的关系不会因此受到影响，你并没有想象中的那样引人注意。

有时我们为自己的孩子感到羞耻。也许你的女儿说了不恰当的话，举止无礼，讲话太大声，或在你希望她对别人友好时躲藏起来；也许你的孩子总是在紧张……这些激发了你自己的羞耻感，因为这也是你小时候挨批评的原因。但即使你在小时候受到错误的对待，也应该温柔且善解人意地对待自己的孩子，让孩子有安全感，告诉他们一切都会好起来。儿童无法良好地面对丢脸这件事，如果我们能理解处于困境中的孩子，彼此都可以有所收获，这比让孩子沉浸在自己的耻辱感中要好得多。

最近我一直在思考，父母之间应该如何相处。当我们想要让自己的感觉变好时，往往会直接且冲动地认为是其他人导致自己变得更糟，这也许会有暂时的帮助，但并不是一剂良药。我们都应该努力变得更加仁慈，在孩子的生日聚会上迟到的父母并不是坏父母，想一想："我们都知道，如果带着两个小孩出行，会遇到很多麻烦。"

总之，我们都需要互相理解。

你内在的父性或母性

当你自己有孩子后，很容易会觉得，自己的童年原本可以过得不同或者更好。当你看到面前的这个小小的脆弱的孩子时，总会意识到：自己在成长的过程中曾经遭遇的不愉快，比如那些父母曾经给予的伤害，刺耳的言语或者他们令人不悦地看待、对待你的方式，你将永远不会拿来对待自己的孩子。童年的记忆总会突然咔嚓一声被点击开，现在再回忆那些事，内心的想法和评价也与当初有所不同。也许你在父母与他们孙子辈的相处中会再次观察到相同的行为："他们也跟孩子保持距离，像对待我一样。""他们也用这种苛刻的、谴责的目光看着我。"

如果你意识到自己想要给孩子传递的东西与父母曾经给你的不同，或许会感到失落甚至愤怒。下面这些话你听起来可能会觉得很奇怪，但我还是要告诉你：要想在某些方面做出改变，首先必须弄清楚，自己父母在过去这样做的原因，不要只联想到事情背后那未必存在的邪恶意图。在你的童年时期，父母可能还在为生活挣扎，在不同的时间和不同的情况下他们抚养子女的方式也不同，当时的他们可能已经尽了最大的努力，无论结果是好是坏。

在余生中，对父母的埋怨并不会对你与自己孩子的相处有多大的帮助。父母可能永远无法理解他们对你的伤害，不明白你为什么对他们不满。你不需要一定与父母保持密切联系或和睦相处，但也不能只承担负面的影响，否则你将无法做自己。痛苦来自未解决的冲突，设法与自己和解，原谅并放下曾经受过的伤害，才能更好地爱自己的孩子。

在多年的工作经验中我了解到，人们在大脑中对过去的记录很少是完全正面的，也很少能做到对他人的宽恕和理解。人类总是很善于掩饰过去并给自己找借口，我们总是说："我尽力了。"或者："别无他法。"父母有自己的生活，他们很难突然有一天说："今天我意识到自己应该做出改变。"最好的解决策略是与过去的伤害划清界限，对自己说："过去的事情已经过去了，现在我要好好地生活下去。"

一旦你拥有了这样的胸襟，就可以专注于那些真正重要的事情了：与自己孩子的关系，与家人好好在一起生活，为未来而努力。

请相信，在这方面你实际上可以做得很好，调整策略，改变现状，为孩子创造比你自己童年时更好的生活条件。

这就足够了。

儿童逆反年龄阶段

当我的小儿子 2 岁时,我发现了他的另一面;与此同时,我还重新认识了他的爸爸——那个我爱的男人。让我先从儿子开始说起吧。原本他是人们心目中那个最可爱的小家伙,他笑起来时嘴巴能咧到耳根去。幼儿园的老师都很喜欢他,其他孩子的父母也都很喜欢他,在家里他也很乖巧听话,但是后来一切都变了。

有一天他醒来后,突然宣布自己是这个家里的老大。如果要求他吃饭、穿衣服,或者做别的事情,他就会响亮而坚决地说:"我不想!"在我彻底解决这个问题之前,必须先了解其背后的原因,为他的这种态度做出一个合理的解释。另外,他似乎已经被这种自我肯定所带来的狂热兴奋感紧紧俘获了,他继续努力对抗大人,向我们展示他对这件事有多认真。

我对这种情况并不陌生,在过去,无论是工作中遇到的咨询,还是在第一段婚姻与大儿子的相处中,都曾遇到过。我知道那只是一个临时阶段。无论是孩子,还是其他的家庭成员,都会在这个阶段里体验到不同的美妙感受——争取自由,学会说"不",学着自己处理生活事务,这些都会带来成就感:从一个穿衣、吃饭和上床睡觉等各个方面都必须依赖大人的小孩子,变成可以明确且自信地表达自我、宣布自己想要什么、发表自己对事物的评价等的人,这种变化往往来来势迅猛,但绝对是很有必要的。我们必须接受这样一个事实:婴儿最终会成长为一个坚强的个体。尽管外界可能会对处于叛逆期的孩子有负面评价或不同看法,但这个变化的过程是不可阻挡的。

当我的伴侣第一次当父亲时,他看到可爱的孩子变成了一个大声抗议所有人和事的小生物,这让他感到震惊。他使用和大多数父母一样的方式来解决这个问题:用对抗来解决对抗。他坚持向儿子展示什么才是正确的,直到孩子接受了为止——这种做法在某种程度上是可以理解的,但导致的结果是,我一直在与两个对抗的头脑打交道,那实在是太难了。

避免权力斗争

我个人从未认为"逆反"一词适合形容这个情况下的孩子。孩子们不会故意或一时兴起地抵抗大人,他们不是"反抗者"。因此,我们应该使用诸如"因期望不同而容易发生冲突的年龄"来描述他们的行为,孩子们发现了"不"这个字,并觉得它几乎是神话般的存在,自己突然就可以表达以前无法表达的内容,拥有自己的意志让他们体验到一种狂热的幸福感。正是因为如此新颖且有成就感,孩子才会过多地使用这个词。同时,对语言掌握程度的日益提高唤醒了孩子的各种向往和期望,虽然他们还无法充分表达清楚。换句话说,孩子的头脑中有一部展示自己期望的电影,但这部电影只有孩子自己才能看到,如果你一定要向他们展示电影之外的东西,那么2~3岁的孩子通常会感到非常失望,因为自己的期望仍然无法实现。

应对诀窍是,千万不要让这些情况演变为权力斗争。一旦每次吃饭、穿衣、说教都演变为冲突,那么事情就会变得要么以孩子的胜利告终,要么以你的胜利告终。

挑战一个3岁的孩子是没有意义的。在这个"因期望不同而容易发生冲突的年龄",你也经常要面对公婆或岳父母的意见,老人通常认为孩子在这个时候还不应该以自己的意志行事,而你却试图向他们展示谁才是真正在养育孩子方面有话语权的人,这样做最终会引发对孩子有害的权力斗争。正确的做法是告诉你的公婆或者岳父母,你们已经决定了大部分与孩子生活有关的事情:哪里不能去,盘子里放什么食物,孩子睡在哪张床上,等等,现在只是正在经历孩子的一个特殊的成长阶段。你可以向其他家庭成员说明这个阶段的特点,找到所有人都能共赢的解决方案。找到合适的方法,避免与孩子吵架,否则孩子成年后很容易也会使用强制的方式解决问题。

作为失败者的孩子

孩子如果一次又一次地输给一个比他优越的人,这件事会对他产生不好的影响,他们会从这个过程中学到:只有蛮横强势才有用。如果你强行压制2~3岁孩子的抵抗力,那么他们要么长成为一个不了解自己到底要什么的焦虑儿童,要么变得冷酷无情,随着孩子年龄的增长,你最终将丧失对抗他们的能力,然后失去权威,面对孩子时完全无能为力。实际上只有一件事能良好地解决问题,那就是培养父母与孩子之间的信任关系,这与强势的态度无关。

你必须年复一年地开展这项建立信任的工作,直到某一天,你和孩子拥有不可动摇的平等关系。

但这是否意味着你应该始终"让孩子赢"?答案

是否定的，你应该以不同的方式看待它，这不是必须有赢家和输家的比赛，孩子还不必学习所有无情的生活规则。请把它视为障碍滑雪吧，重要的是安全地绕过障碍物，而不要撞到所有可见的障碍门框。

到底谁有权做出决定，谁没有，这种争论实际上是毫无意义的。你的孩子非常了解家里谁是老大。你的工作就是成为一个好老大。

把孩子意志的增强看成一件积极的事

见证孩子生命中的这一阶段实际上是一件好事。毕竟孩子从中学会了设定界限，学会成为自己，这是一件积极的事，你会拥有一个能够自己感知何时出问题的孩子，他会与你探讨做人的原则边界在哪里，可以学会为自己的人生设置限制，可以对抗并远离坏朋友，选择合适的人进行初夜……所有的这些都是生活的关键技能，这个阶段才标志着生命的开始。因此，学习"是"和"否"是孩子成长道路上不可或缺的阶段。

请永远不要忘记，孩子仍然是该领域的初学者。为自己设置限制，表明自己不断增强的意志，是值得欢欣鼓舞的，但也需要时间来实践。谁是孩子们拿来练习的对象呢？当然是他们身边最亲近的人,对他们来说最安全的人——你。

为孩子提供一个安全的练习环境吧。当然孩子不可能总是正确地练习,他们有时候会坚持自己奇怪的或者错误的要求,但这绝不是针对你个人,毕竟孩子们总会努力坚持自己最想做的事。

如果孩子在享用一顿热饭时却拒绝吃胡萝卜,你应该这样想:"毕竟,孩子表达了自己的意愿。"一年中仍然会有不少吃胡萝卜的时候,所以孩子现在不想吃也不是灾难。

最有帮助的做法是与孩子交谈,陪他们读书,多拥抱与陪伴。孩子在快4岁时语言能力会有很大提高,可以交流更多内容,例如他们在想什么、渴望什么,他们还会学到什么时候说"不"才是有意义的。同时,他们的见识也在不断增长,会明白其他人也可以用不同的方式看待事物,以不同的角度思考事情。

在此之前,你必须帮助孩子,并给予相应指导。这个阶段的孩子难免会时常面对失望。

玩就是一切！

玩，意味着让想象力自由发挥。玩耍给孩子的成长提供了一切获取新知识所需的有益途径，而自由地玩耍尤其重要。在玩耍时，孩子们可以自己主宰规则，靠内心的想象力为自己指明道路。

作为父母，你会发现孩子在其生命的第二年到第六年中会经历许多奇妙的成长步骤，也会取得令人难以置信的进步——这在游戏中体现得最为明显。而你自己将成为活跃的游戏参与者或者外部观众。

许多父母担心一个始终在父母陪伴之下的2岁孩子能否学会独立玩耍，但实际上，这个年龄的孩子自己已经可以做得很好——当他们自己做好了准备并感到足够安全的时候。这种安全感来源于他们身边最亲近的人与他们的紧密联系。

留意下你的孩子喜欢做什么，在哪方面愿意投入更多精力，还想进一步探索什么。随着时间的流逝，孩子会主动做出更多尝试。你可以提出建议，但不要将自己的意志强加在孩子身上，那样的话游戏就没有意义了。

2岁的孩子仍然可以享受更高级版本的躲猫猫游戏，无论是躲藏起来还是把自己"伪装"起来的游戏方式都会很受欢迎。此外，一个新的元素开始在他们的游戏中发挥作用：可

爱的玩具参与了进来，它们可以动，会发出声音，在孩子们看来玩具都拥有自己的"个性"，比如，泰迪熊和洋娃娃也会成为好伙伴。静静地陪着孩子玩耍吧，给可爱的玩具配音，辅以自己不同的表情，这将有助于孩子理解他人的观点和感受，而且，这个过程也会很有趣。

简单的拼图游戏、带有大型积木块和工具箱的建筑玩具也都非常适合该年龄段的儿童。对于2岁的孩子来说，感受自己的价值最重要，因此各种各样的帮助活动也很受欢迎。自己把碗晾干很有成就感，觉得自己棒极了！而与你一起完成了使用洗衣机的所有步骤，就会自豪得如同登上了幸福的顶峰。厨房游戏和工作台游戏都非常受欢迎，孩子想表明他们可以做出贡献，可以有所作为，包括在游戏之中。

3岁的孩子可以从简单的角色扮演游戏开始，在游戏中，他们将不同的角色分配给其他玩家，并为他们分配不同的行动和台词。大多数孩子都是从"爸爸—妈妈—宝宝"的角色扮演游戏入门的。当女儿扮演的父亲在电视前大发脾气，或者儿子扮演焦虑不已的母亲时，他们的表演都会令真正的父母大开眼界，因为你可以由此了解到孩子是如何看待你的，以及孩子接下来会怎么应对。同时，孩子的协调能力和精细运动技能也得到了提高，3岁的孩子可以玩更高级的建筑和构造类游戏，积木块也可以更小。有些

孩子喜欢粘贴珍珠的游戏，请给他们创造机会尝试不同的东西。但你不要认为现在强迫孩子花费很多时间画画，他将来就能成为艺术家。艺术表现力与游戏的能力都是需要顺其自然发展的。

4岁的孩子可以更好地掌控游戏全局，可以尽其所能来玩游戏，孩子们将角色扮演游戏发展成一个自己的世界，他们把自己关于生活的所有想象力倾注在游戏中。医生游戏、扮演电视或者电脑游戏中的角色，是这一时期角色扮演游戏的主基调。你最重要的作用就是给孩子提供必要的游戏时间，并时不时作为游戏伙伴加入其中。有时你的参与会很受孩子的欢迎，与孩子们坐下来一起玩耍，可以加强你们之间的联系。

这个年龄孩子的平衡能力也有所提高。在体育活动方面开辟了全新的可能性：骑自行车、攀爬、滑板运动等，他们现在都能很快学会。无论是在想象力领域还是体育锻炼领域，你都要给孩子提供发展的机会。

5岁的孩子认为一切皆有可能，真的是一切哦！现在他们完全被想象力类的游戏所吸引。对于这个年龄的孩子来说，午餐前可以制造火箭并将其发射到火星，晚餐后又可以成为一座大型城堡中的公主，最后以飞越大西洋的超级英雄的身份来结束这一天。一个5岁的孩子可以在所有角色之间不停转换，唯一的限制因素就是他自己的想象力。你的孩子在乐此不疲的想象力游戏

中学到：一切皆有可能！这个世界很大，要在其中找到自己的位置就意味着要尽一切努力，并尝试所有的事物。想象力类游戏可以培养孩子的自信心和进取心。游戏不应该也不可能等同于现实。现在想象力游戏已经达到顶峰——请让孩子尽情地想象吧！

此外，处于这个年龄的孩子还会对字母以及更高级的艺术表现形式感兴趣。涂描、绘画、粘贴小珠子等与形状和颜色有关的事物都在5岁孩子的心目中占有一席之地。让孩子们在自由的玩耍中发展天马行空的想象力，让他们飞到奇怪的星球上，进入魔幻的建筑中。孩子们马上就要到达入学年龄了，他们会变得越来越认真的。

但是……

你可能会发现："我的孩子玩的东西与上述完全不同。"是的，每个孩子都是不同的，他们中的一些非常热衷于建筑和构造游戏，另一些则喜欢集体协作游戏和角色扮演游戏，在一个时间段里，某个固定的游戏会完全占据主导地位。孩子选择哪种游戏并不重要，重要的是，作为父母的你对孩子的游戏保持好奇心，愿意遵循孩子的发展轨迹，并尊重他们所玩的游戏。

提供足够的时间和空间给孩子们自由玩耍，帮助他们变得独立和自信。

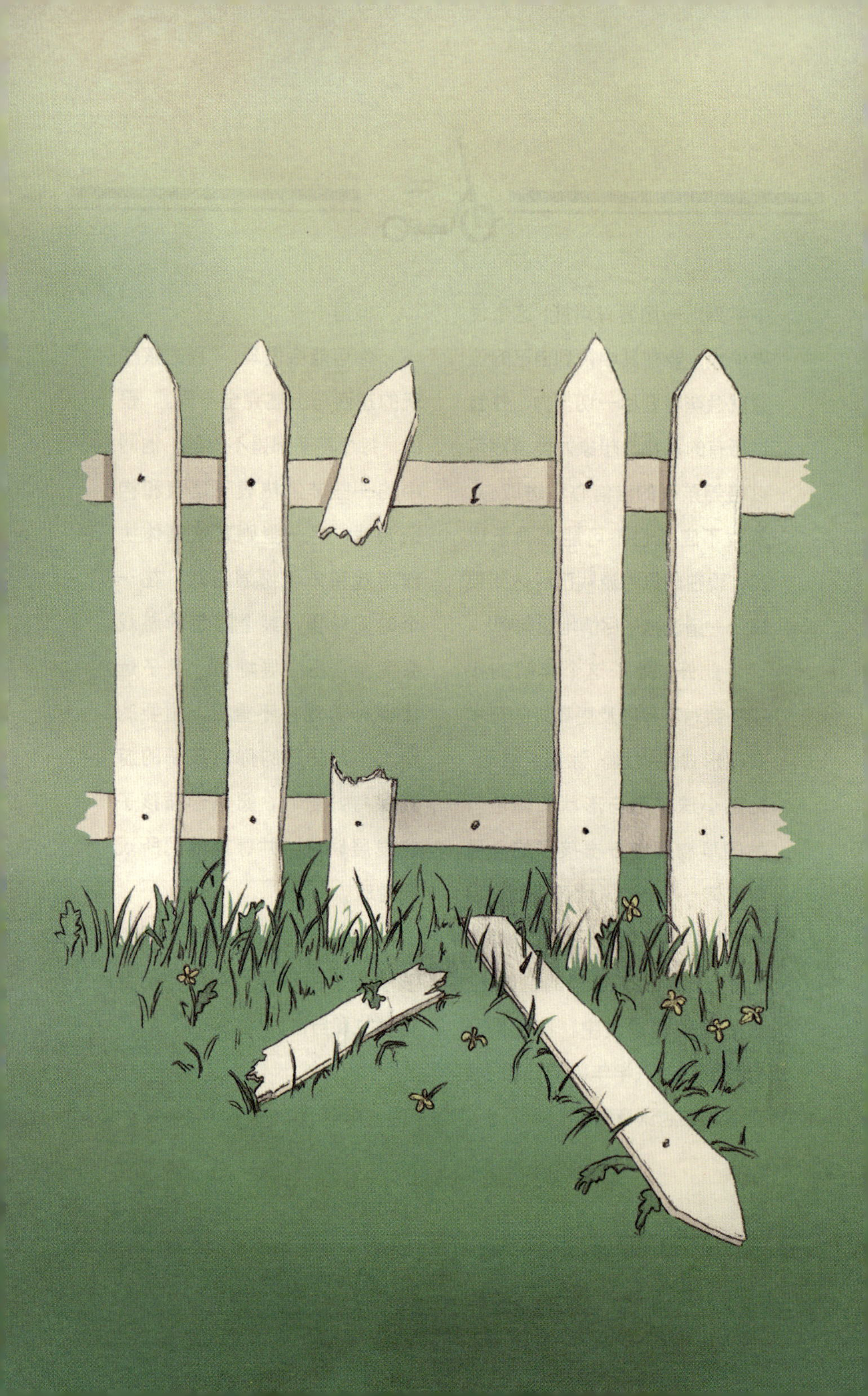

第四步
正确设定边界

幼儿园年龄段的孩子都是最伟大的小探险家:如果我按一下这里会发生什么事?如果我把这个东西扔在地面上它会变成什么?我可以站在这张桌子上吗……小小的新手们内心充满了各种探索的需求和跃跃欲试的雄心。在这段时间里,你应该找到适合所有家庭成员的平衡方法——要允许孩子在探索中得到成长,但如果任由孩子决定一切,你的房屋会变得一团糟。每个家庭都必须做出自己的选择:何时以及如何为孩子设置限制。一些父母不反对小孩在沙发上跳来跳去,而另一些父母则认为在沙发垫子上搭建玩具房子是一场灾难。家是孩子待得时间最长的空间,他们需要适应那里的现有条件,最重要的是你要在家中专门为小孩提供一席之地。如果你想在家中摆放昂贵的设计师椅子,就要有承受它们可能贬值的心理准备,这可比将它们摆放在孩子画不到的地方来得更现实一点。

如果你总是拿犯错的后果来威胁孩子,或将界限划得太狭窄僵硬,都将以牺牲你和孩子的良好关系为代价。但是,如果没有给孩子设置明确的界限,他们就不知道什么可以做、什么不可以做,这会使孩子感到困惑,并且很难适应未来将踏入的社会环境。

清楚限制在哪里,意味着找到了平衡,这对每个人都有意义。

这个世界上存在着对与错,一切都有其界限和后果。你应将这个道理以柔和的方式传达给孩子。

行使权力和后果

有一位母亲与我联系,想要知道该如何对待自己十岁的儿子。这个男孩在控制自己情绪方面很糟糕,尤其是愤怒的情绪。他就像一个糟糕的失败者,即使是日常生活中最小的挫折对他来说也是灾难性的。在我们探讨她与丈夫该如何更好地处理这个问题时,她补充说,她认为儿子的举止很奇怪,因为他们夫妻两个与孩子们相处时一直保持前后一致。我问这是什么意思,她告诉我,从很小的时候起,孩子们就一直按照他们的要求去做。父母从来不曾动摇过这些规矩,他们认为这样对孩子们最好。当然,其他许多父母也是这样认为的。

长期以来普遍的看法是,树立严格的规矩是健康成长的一部分,是为孩子进入现实世界做好准备的唯一方法。在现实世界中,每天都有必须要做的事情,都存在着各种明确的限制和后果，孩子应该为此成长得更加坚强。

在这个家庭中，如果儿子不想刷牙，父母会一直陪着他待在浴室里，直到他刷牙为止。在这个过程中，即使男孩咬或者抓挠父母，甚至做出其他奇怪举动，他的母亲都会保持同样的冷静，坚定地让孩子履行她的意愿。

"我只是忍受了他的坏行为，从来没有做出过愤怒或暴力的反应。"她说。她有时会与孩子僵持一个小时，但最后总会以孩子刷牙而告终。

我能看出她为自己做到的事情感到自豪，这些事没有造成伤害，至少从她的角度来看是这样的，而且最终给孩子立下了规矩。

但即使如此，行使父母的权力又有什么用呢？那个男孩从洗手间僵持的过程中学到了什么？他当然不会学到这件事：自己的价值。他不会学到自己的话语权也能发挥作用，也不会学到如何根据自己的感受进行调整和适应；相反，他可能仅仅学到了一点：母亲比自己强势并完全掌握了局面，自己无法从成年人这里获得任何帮助，于是对父母失去了信任。无论如何我都相信，在洗手间里的吼叫、疯狂和绝望的一小时不会给人带来任何好处，也无法教会孩子如何用合适的方法面对并处理困难。

我认为这个母亲在七年后有充分的理由向我重新讲述这个故事，但现在她对儿子的表现感到非常生气，觉得过去的胜利不是真正的胜利。

> 让这个年龄段的儿童得到成长的最佳途径是玩耍。每一次获取知识，每一次接受教育，都是通过游戏来实现的。

父母们总是听到的一种言论，那就是在教育上保持一致的重要性，但事实上它并没有什么用，相反却可能有害。有意义且重要的是孩子的安全感与信任感，以及亲子保持的与彼此的亲密关系。与孩子发生冲突不是权宜之计，也不是值得骄傲的事情，作为成年人，你在孩子面前的优势太过明显，有潜在的危险。

我遇到过很多父母，他们认为有必要坚持自己曾经走过的道路，但我们很容易朝错误的方向越走越远。他们想要一个完美的小孩：被别人喜欢，不和妹妹吵架，不吮吸手指，不捣乱。有这种想法的父母往往过于专注这类事情，以至于对待孩子比对自己的要求还高，并且为之付出艰辛的努力。从某种意义上说，你可能会被自己的良好意愿蒙蔽，相信我，对于孩子，这种做法的后果比吮吸手指时间过长还要糟糕得多。

当然，这并不意味着孩子们永远是对的，也不意味着你要始终让他们遵循自己的意愿做事。孩子还很小，不知道什么才是真正有益的，家长必须给予他们引导，有时可以这样说："嗯，我了解你的想法，但现在我们还是得这样做。我知道你不想要这个，但目前这个是最好的。"父母的任务是在不损害自己与孩子之间亲密关系的情况下指导孩子，帮助他们进步，帮助他们做出正确的决定。如果在刷牙时遇到问题，可以给孩子开个玩笑，玩些小东西，或者在刷牙的过程中一起观看小视频，购买新口味的牙膏，等等，总之尝试找到一种双方都可以接受的方法。如果在某个晚上这件事根本进行不下去，那就在第二天早上孩子不困的时候再试一次，一个晚上不刷牙不是什么大事。

不断提醒自己，抚养孩子是多年的持久战，父母不会在每场比赛中都受到评判，但最终一定会受到评判。

孩子如何学习？

当我被问到如何与幼儿园年龄段的孩子亲近时，我的回答总是相同的："将自己放置到跟孩子一样的高度。"你必须从孩子的角度去看世界，去分享孩子的经历。孩子在和你一起做事情的时候可以学到东西，你如果只是单方面地指导孩子，他们就不容易学到东西。你在孩子刚好需要某种知识或技能的时候将其传授给他，他的学习效果才是最好的。如果你只是对一个 4 岁的孩子简单地发号施令："你必须这样做！"他就会想："我根本不必这样做，情况会有所不同的。"孩子没有兴趣了解生活中全部问题的答案。仅仅是告诉他们你所知道的事情，对于帮助他们成长没有太大价值，不会激发孩子的学习潜力。父母高举的食指指挥棒永远不会带来他们想要的结果，只有当孩子们看到，和你一起做某件事，这件事在你的指导下良好地运转了，他们才会把你当成榜样，从而接受并掌握你所传授的知识。

如果3岁的孩子坚持要帮你擦玻璃，却没有拧干抹布，滴滴答答地把地面搞成水坑，你可以说："停下来！"但更好的说法是："噢，你的清洁工作做得真棒！我总会在擦之前先把抹布拧干，这样效果会更棒。看，你也可以做到。你觉得呢？你能做到吗？"

父母面临的挑战是如何引导孩子从中学习一些东西。

这个年龄段的孩子需要很长时间才能了解事情的后果。当你第无数次告诉4岁的孩子，站在洗手池前玩水会弄湿衣服鞋袜时，请不要生气，毕竟一次又一次地晾晒衣服鞋子本就是这个时期无法避免的工作。孩子们控制自己冲动的能力也很差，如果事物看起来有点诱人，他们总会忍不住尝试一下。这与你的教导无关，等待鞋子干燥的过程中，你可以喝一杯咖啡放松一下。

纪律性

与强迫儿子刷牙的母亲一样，许多父母仍有一个固定的观念：孩子必须受到纪律处分，必须"守规矩"，必须学会屈服。"纪律"一词来自拉丁语，最初包含"教育，规矩"的含义，以及"培训和知识传授"的含义。如今，第二种含义已被人们逐渐遗忘，而军事上的含义则被过分强调。但至少在与孩子打交道时，我们可以坚决避免这个苛刻的含义。

教孩子守纪律意味着给他们指导，指明道路并陪他们共同走下去，而不是采取行动惩罚他们。

孩子们会一直观察你的所作所为，就算在你自己都没留意到自己的行为是否欠妥时也是如此。教育这件事总在潜移默化地悄悄进行。孩子会看到你是否抚摩伴侣的头发，是否及时清除垃圾，是否总看电视，也会观察你在遇到阻力或获得支持时有怎样的反应。孩子将你当作榜样，所有细微的甚至看不到的东西都会被他们学习。

教育不能等同于统治，不是随时大喊："停，界限就在这里！"教育需要更多的内涵。在大约20年的时间里，你的孩子将受你的言传身教影响：你做了什么，如何开怀大笑，如何爱别人，如何宽恕，是否尊重他人，害怕什么，底线在哪里。

因此，我需要再次向你强调，设置限制并不意味着禁锢孩子。应该陪孩子一起探索成长的路途，一起确定限制在何处、有何意义——但始终要在你在场的情况下，在你的支持下，并且你要在这个过程中对自己的行为负责。

当孩子的接受能力超出界限时，你的教育就没办法发挥作用了——教育需要持续且合理地进行。

♥

几岁可以拉紧琴弦？

几年前我在奥斯陆最大的一家日托中心做了次讲座。演讲结束后一位父亲告诉我，他读了我的书，对他而言，设置限制很重要，他正在等待孩子长大到足以理解这些限制。他说："我的儿子就快到5岁了，他现在应该能明白我的意思了。""你认为我什么时候可以直言不讳地宣布这些规矩？我什么时候可以拉紧琴弦？"他笑着问我。

我回答道：这样做是没有意义的，这个年龄的孩子还不能接受。责备是教育孩子的一种坏方法，孩子会被吓到并关闭心门。我承认，孩子在这个年龄段会有更好的洞察力，但不要忘了他们仍是小孩子。父母很容易高估自己的孩子，认为"他们现在应该已经知道了"，但孩子只是孩子，是大脑发育尚不成熟的初学者。随着时间的推移，他们将越来越了解世界，并了解自己的行为会带来怎样的后果。父母应该始终牢记，孩子还有很长的路要走。不要期望过高，孩子仍然会犯错误，会流下

> **不同的岁数与不同的边界**
>
> 2 岁：你设置了界限，并传达给孩子，向他们解释并说明该如何做。但是你仍然安装了安全护栏、保护垫，以免意外伤害，2 岁的孩子还不能评估他们行为的后果。
>
> 3 岁：你设置了界限，告诉孩子你想让他们做什么：街上的汽车很危险，必须躲开！陪孩子一起阅读或观看电视节目时，向他们解释你们看到的各种事物的运作方式。
>
> 4 岁：如果孩子做错了事或做了危险的事，说："停！这很危险！"或："不要这样做，会造成很大的麻烦！"然后清理现场。简短的话语会对孩子产生影响，较长的详细说辞则不会产生影响。
>
> 5 岁：现在你可以向孩子解释更复杂的规则，他们也能接受更长的解释。但请记住，孩子即使已经 5 岁了，依然会非常冲动，容易违反规矩，更别提那些特别调皮的孩子或处于危险区域的孩子。学会思考后果和控制冲动至少要耗费 15 年的时间。

许多眼泪，会做很多对你来说不合逻辑的事——但通过这些事，孩子们才会学到关于生活的真正知识。

如何避免溺爱？

当我进行育儿讲座时，有一些问题会不断被提出，其中的一个就是如何避免过分溺爱孩子。这是个好问题。但是,"溺爱"实际上不意味给予很多好东西吗?我总是这样回答:也许孩子什么都想要,但那并不全是他们需要的东西,对他们也没什么好处。这个年龄的孩子还搞不清楚自己到底需要什么、什么才是有益的,但他们的要求很多,往往会索取超出需求的东西。

换句话说:作为成年人,你必须权衡并做出决定,对孩子的每一天负责,包括在这一天他们需要什么、不需要什么。我不好说对每一种事物的需求量的界限在哪里,这因家庭而异,因文化而异,但最重要的是,你应该知道这些东西是否适合孩子、哪些东西不应该给他们。

如果孩子索要那些不合适的东西,你必须坚决拒绝。比如早上该去托儿所了,孩子却宁愿在舒适的家里多待一会儿,那就会耽误你的日常工作。不管孩子在家有多舒服,都必须去托儿所,即使他不喜欢去,你也必须尽力向他传达这一点。

"我知道你想留在家里,但这是不可能的。我必须工作,你必须去幼儿园。你可以告诉我今天想穿哪双鞋。"

如果孩子还没有吃饱饭,就总想吃更多的冰激凌,你可以说:"冰激凌很好吃,但我们必须先吃这些对身体有益的饭菜。" 3岁的孩子还不知道吃太多冰冷的食物会生病,只有你知道。

当我创作本书时,曾有一周的时间,我的孩子得到了他们要求的所有东西。因为那时我有很多繁忙的日程,感到筋疲力尽,只能成为一个平庸的妈妈和伴侣。

如果你自己非常劳累,那么拒绝孩子的要求会变得更加困难。原因显而易见:疲惫的父母没办法在任何方面使孩子受益,如果没有足够的力量,就没办法去和孩子据理力争,这对于养育孩子这场持久战来说是不合适的。

拥有孩子是种幸运,你更应该照顾好自己的生活。你的工作量、饮食和睡眠质量会直接影响你的状态,决定你会成为哪种类型的父母。必要时要勇于说"不",如果自身的状态不好,一天或一周可能没有太大的影响,但是从长远来看,不拒绝孩子的不合理要求不会有什么好处。

养育孩子的同时也要爱惜自己。

必须说"不"的情况

对于那些完全正确的或必须要做的事情,应严格遵守。孩子需要按时离开家出发去幼儿园,不能只吃冰激凌,每晚要在合适的时间段上床睡觉……让孩子保持规律的日程、养成良好的习惯是每个父母的主要责任。当孩子坚持要多看一集《消防员山姆》时,你必须拒绝。

你因为觉得很久没有这样做了,所以必须要说"不",这样一时心血来潮的拒绝是不行的。一些父母认为是时候给孩子们划定界限了,就突然决定晚餐后停止提供甜点。如果从你的角度来看,没有突然取消每天都会有的冰激凌的令人信服的理由,那么孩子就可以继续吃冰激凌,你唯一能做的就是确保他们白天不要吃太多糖果。

当你有充足的理由和目的时,也不要过于依赖说"不",不要只是为了拒绝,就全都说"不"。孩子要学习真理和诚实,必须向他们证明为何要这样做。生搬硬套某种方法或书中的规则会使你发现它们和现实生活中的情况并不总是一致的。例如,你在书中读到了一个"好"方法,称赞孩子五次后再批评他,但你并不能机械地运用它,表扬和批评都应该在适当的情况下出现,在你确实需要表达表扬或批评的时候。

学习用评价代替斥责

我和一个朋友谈论起他 4 岁的儿子。几天前,孩子在家里的墙壁上涂画,朋友做出了激烈又严厉的反应,对男孩大吼,还把他从墙壁旁拽开了。尽管这种做法有些粗暴,但他认为这种谴责是恰当和正确的:"如果我不这么严厉地训斥他,他就不会意识到这是错误的。"

许多父母都会这样认为,但我仍然觉得这是错误的。即使不使用这么粗暴的方式,孩子也会停止涂鸦墙壁。没有哪个 20 岁的人会因为小时候父母没有制止过他所以现在还会在墙壁上乱涂乱画。

2~6 岁的孩子会做很多不那么明智的事情,会把家里弄得一团糟，在不该涂鸦的地方涂鸦，弄碎东西，我依然记得自己的孩子那么大时曾经用防晒霜来擦地板。

涂鸦墙壁当然是不对的，但非常关键的是，作为家庭的负责人和领导者的你如何处理这件事，如何最佳地行使自己的职责和权力。当孩子涂鸦了墙壁后，你可以说："你在墙上也画了一幅画，但这可不好，墙壁被涂了之后就不美观了。如果你喜欢画画，可以在纸上画，然后挂在墙上。"要告知孩子，你得为这件事负责，帮助孩子正确地评估问题，向他们展示应该如何做，展示为什么要这么做，不要突然做出很生气、很激烈的反应并立刻去壁橱中取出最大块的海绵清理现场。训斥孩子或许可以产生暂时的效果，但从长远来看，这种做法会破坏你与孩子的亲密关系。

对于这个年龄段的孩子，斥责是没有用的，但孩子会从以下事情中受益：你是一个很好的指导者，你始终镇定，讲话清晰，了解这个世界的运作方式。

空洞的威胁

我们总希望孩子听话，所以当他们表现不佳、不符合父母的要求时，我们就会说出些不那么正确的话。从音乐会回来的路上，我们去了最近的麦当劳，旁桌有一位父亲，带着大约 3 岁和 5 岁的姐妹俩。他们快乐地来到餐厅，虽然玩得很累了，但依然非常开心兴奋。点了餐后,他们坐在餐桌旁等待,姐妹俩这时开始在餐厅里玩起气球。事态很明显,这家人的好心情即将变成争论和眼泪:父亲对女儿的举止感到愤怒,并严厉地说:"如果你们继续这样,我们就得走了!"姐姐问那食物怎么办,父亲回答说:"扔进垃圾桶。如果你们两个用气球互相殴打,我们就不能和其他人一起在餐厅吃饭。"然后又愤怒地补充道,"如果你们总是这样,我们就不能在外面吃饭了。你们不配吃任何东西!"较小的女孩对所发生的事情不太理解,但是较大的女孩显得有些受伤和沮丧,但随后还是转向妹妹继续之前的游戏,或许她觉得无论怎么做都不能指望父亲此时会变得友好一些。

　　幸运的是,他们的餐品在那之后立即被送了过来,女孩们也就随之安静了下来。

　　我要说的是:在孩子饥饿时,拿不让吃东西来威胁他们并不会让他们的行为变得更好,骂他们是没有意义的,父母需要认识到问题的根本原因是什么。这两个女孩并不是特别叛逆,她们只是饿了,当意识到这一点时,你可以在食物送达之前花些时间分散孩子的注意力,比如一起观察停车场的汽车,做个打赌的小游戏,或者别的什么事情,等到食物终于摆到桌上,所有问题都会迎刃而解。

游戏的声音

地板上到处都是游戏的声音,那是来自儿童世界的小小声音信号,它们传到了我们身边。在这个世界上,没有什么比孩子们的声音更让我喜欢,旅行时我喜欢面对幼儿园或校园的酒店房间,这样我就可以透过窗户听到孩子们的演奏声。它们给我留下美好回忆,给我的内心带来平静的力量和对未来的信念,无论何种地方的孩子,无论生活在哪个国家、使用哪种语言的孩子,在我心里都一样。

在幼儿园里,孩子们喜欢一边玩一边自言自语,我的长子正是其中的"代表",无论用乐高积木搭建筑,还是绘画,又或是将他的超级英雄置于战斗姿态,他都会边玩边发表各种评论和看法。我们公寓的地板上留下了这些美好的回忆,总有一天,我会想念他在我旁边地板上玩耍的时刻,想念这个房间里发生的各种玩游戏的场景,其中还穿插着我自己忙来忙去的身影,那就是温馨生活的样子。

孩子们在玩耍时会以积极的方式改变自己。玩耍意味着表达自己的内心世界,跟随内心的声音,也许这就是孩子玩游戏时的声音十分好听的原因吧。我们应始终支持孩子与他们自己内心的声音保持联系。听到游戏的声音,会让人产生正确和真实的感觉,请好好享受它吧。

"你必须学会分享！"

我们成年人往往懂得如何与他人相处；我们知道怎么做是讨人喜欢的、怎样做是不好的，因此，当孩子违反这些规则时，我们可能会感到尴尬。家长都希望自己的孩子能尽早明白该如何与人友好相处，这种想法可以理解，但是，若告诉孩子保持沉默就不会违反规则，那么每个孩子就都会保持沉默，一个小孩拿走另一个小孩的东西也没人去提醒，一个小孩说脏话也没人去打断。最终孩子们永远也学不会如何与人好好相处。

当2岁的孩子从同伴那里拿走玩具之后，父母会教育孩子："你必须学会分享"，并向孩子演示该如何分享。我能理解父母为什么这样做，但这种做法毫无意义。一个2岁的孩子并不明白分享是什么意思，当孩子遇到这种麻烦的时候，父母应该通过其他方式来解决，而不是参与进来并从孩子手中拿走东西。你可以通过吸引他们的注意力来吸引并安慰哭泣的孩子，或者为那些没拿到玩具的孩子寻找新游戏，从而安慰他们。

孩子到了3岁左右时，你可以开始逐步地向他们灌输"分享"的概念。

"现在安娜正在玩汽车，你必须把车还给她，等轮到你的时候再玩。"你应该这样做，不要在这个过程中评判或谴责孩子,这个年龄段的孩子的行为尚未关乎道德,而仅是出现了一种需要你帮助孩子应对的状况。一般要等到他们3岁到4岁时才会越来越多关注自己周围的环境,那时你才可以向他们解释若强行从别人手里拿走东西,会发生什么事:"看,安娜现在很伤心,因为是她先拿到车的。也许你可以把车先还给她,等轮到你的时候再玩,可以吗?"

4岁的孩子可以慢慢对他人产生同情,而不仅仅只是关注自己的感受。对于5岁和6岁的孩子来说,他们已经可以更容易地参与到轮流性的集体活动中去,可以更自然地排队等待轮到自己的时候。在参加体育锻炼或在有兄弟姐妹的家庭中常常要排队等待轮流进行。"我们没有多少果汁了,但现在有三个人,要如何分配呢?"这个年龄段的孩子已经形成了比例观念,并逐渐开始适应所处的社会环境,这个过程总要一步一步来的。

无论如何,孩子终将在你的引导下学会分享,帮助他学习这一课的最好方法就是以身作则。当你给自己准备了精致美味的食物时,可以问问孩子是否也想吃,一旦分享在家人之间成为理所当然的事情,孩子就很容易学会。

你在这几年里无须太过坚持自己认为正确或有好处的育儿方式,请适当放松。孩子总会在某个时候学到他该具备的所有品质,关键是要给孩子指出正确的方向,而不是去责备他们。

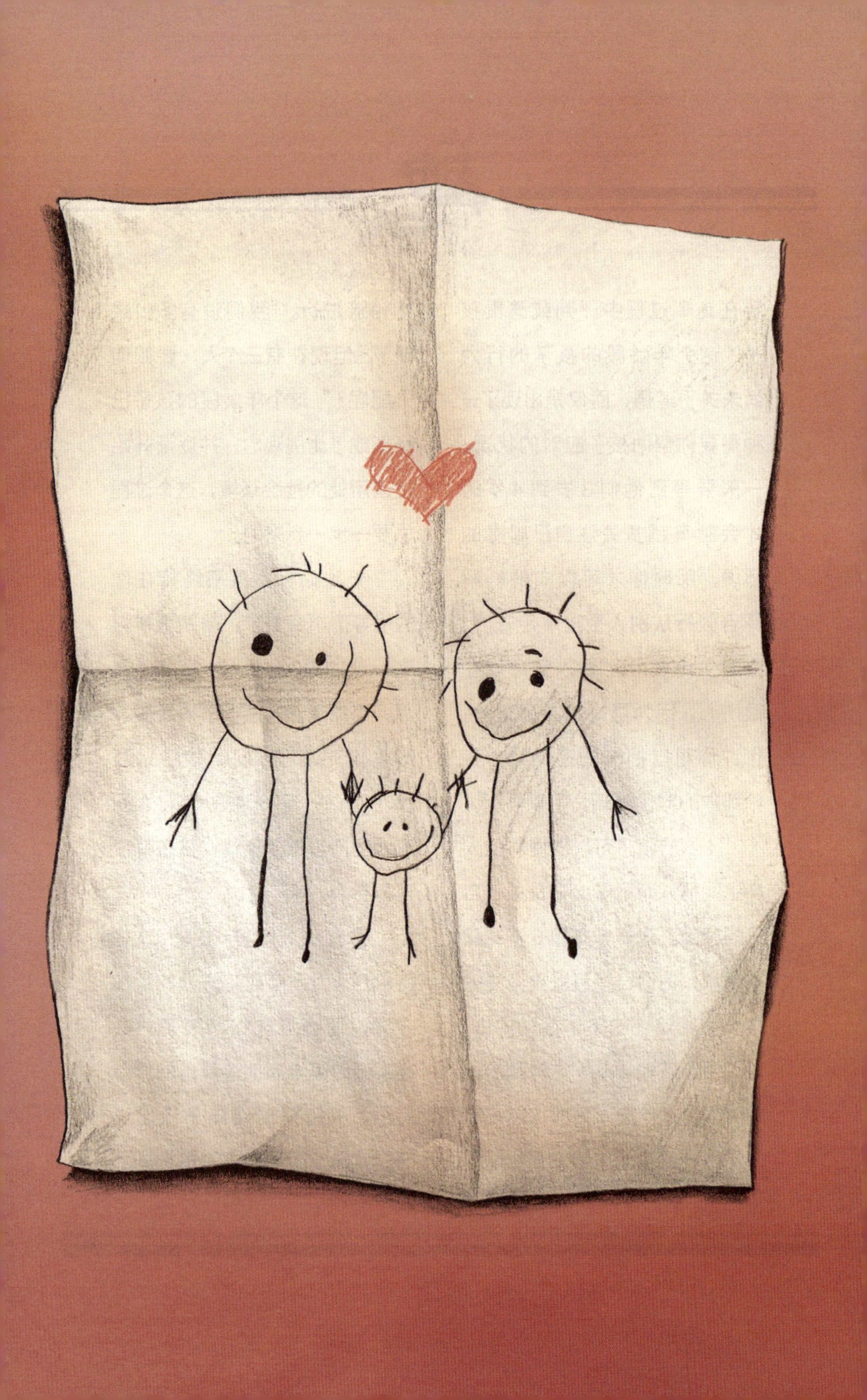

第五步

协调家庭关系

我在工作实践中一次又一次听到同样的故事：爱情是如何消逝的，它无声无息般从指缝中流走，直到有一天两人发现，他们的感情都变了。

如果你家里有处于幼儿园年龄段的孩子，你们夫妻关系通常会经受很大的考验。在恋爱关系中，你总会努力保护你们的爱情，但在这几年中，保护爱情尤其困难。

在这段时间里，你会不断承受因时间紧迫带来的压力，希望一切能够顺利进行，实际上却无法做到。当你早晨着急参加工作会议时却找不到要穿的外套，而这时孩子又在大哭大叫；当你的伴侣为你处理事情的错误方式感到恼怒时，你也几乎无法保持自己良好的态度，在这种情况下，你也许会感到愤怒，并说出一些让伴侣感到生气或受伤的话，然后爱情中悲伤的舞蹈就开始了，没有人知道这段舞蹈何时结束。

在有了孩子后，日常生活中自己的时间不可避免地会减少很多。父母双方都有各自不同的成长背景——童年的样子，成长的经历，以及对父母角色的看法。当孩子开始为自己的小人生设定边界，并想以自己的方式做事时，他们会给你带来与怀孕和分娩时完全不同的挑战。

我在咨询室里不断听到这样的倾诉：母亲只是生孩子的气，可父亲却觉得她应该果断做出反应，然后父亲决定介入，母亲却反过来认为他过于严格。于是他们的一天就有了一个糟糕的开始，而且这种糟糕的情绪很难摆脱，在接下来的日子里，他们在很长一段时间里都会生对方的气。她去上班时，心里还在想："他这样处理问题，孩子们能从中学到什么呢？这只会使情况更糟罢了。"而他在办公室里的时候也可能对自己这样说："她总是这样对待我，就会生气，却从不说出自己真正想要的，现在她也用同样的方式对待孩子。"

这很容易就会导致两人彼此远离。在这段时间里，保持自己与伴侣的关系尤其重要。

"我必须自己做所有的事情"

夫妻关系中最困难的事情之一就是保持平衡，其中的一位，通常是母亲，承担了大多数家务事，把饭盒装满，洗所有的衣服，知道各种东西在哪里，在孩子生病时留在家里，为孩子幼儿园春游做好各种准备，及时购买合适的冬装以免孩子受冻。

在这种情况下，如果另一方尝试做一些事，她就会抱怨他做错了："你不能把它放在午餐盒里！"然后他就会感到自卑和无用，并认为自己只能通过上班和赚钱来为家庭做出贡献。这样的想法使伴侣之间的距离越来越大，然后有一天，她会觉得即使丈夫不在身边，她也可以自己动手做所有事情；反过来，他感到沮丧，妻子看不到他在做什么，不再爱他，于是他最后宁愿和别人在一起。

所有的治疗师都对这样的思维模式十分熟悉，进入这个轨道太容易了。结果是两个原本亲密无间的伙伴最终陷入难以再次面对面的地步。

那么，你该如何扭转局势呢？

很简单，给对方机会，让他变得有用，让他认识到自己正在做的事对家庭有贡献。洗好的衣服可以用不同的方式折叠，午餐盒里可以包含不同的食物，刷牙的方法也不用拘泥一种，可以用多种方式玩耍，不一定总得用相同的方式来接送孩子，孩子也可以在一切都可以采取不同方式完成的体验中受益。便当盒中的食物不需要每天都保持完美，这样人们才会更加欣赏并珍惜那些漂亮美味的便当。

你不必急于教孩子折叠衣物，对孩子而言，更重要的是确定自己的父母可以良好地控制日常生活并善于应对压力及意料之外的挑战，能够妥善安排家庭里的各种日程。

许多经历过争执的夫妇都在认识到他们之间的差异可能对

> 父母不必在所有事情上都达成共识。对孩子来说,看到对事情的不同处理方式是一件好事。即使你们在所有事情上意见都不一致,也应该保持互相支持。

抚养孩子有好处时受益匪浅。作为生活伙伴,看法和行事方式不完全相同是一种优势,而不是劣势。如果你不想破坏彼此的日常生活,必须首先认清这一点,然后尝试互相理解和帮助。

通常人们只关注未完成的事:对方还没有挂上这张照片,还没有交燃气费,还没有买到洗发水……这一切都让你感到有些恼怒。换个思路,尝试去发现对方在做什么、已经做了什么,而不要只是关注他们还没有做的事情。

家庭生活中有无数琐碎的家事,很多时候,人们只有在分居之后才会意识到自己的伴侣曾经付出过那么多。从现在起就请更加留意对方的优点和付出吧。

设置不同的优先级,让孩子明白,不是只有一种方法可以实现目标,你还可以多多尝试新的途径,孩子虽然有时会失败,但这反过来又给他们带来了勇气,让他们能够以自己的方式解决问题。

不必永远完美无缺,这个世上也不是只有一种生活方式。

你们之间的差异会激发孩子的好奇心，从而让他（她）找到自己的处世方式，这对他（她）来说是非常积极的影响。

正确地感知伴侣

你总会立刻直起腰板，做出愤怒的反应；与此同时，你的伴侣却很难理解你为什么又生气。带孩子很累，工作很多，在伴侣关系中，重要的是暂停片刻，而不是立即评判对方。同时要记住，事态的升级肯定有充分的理由，也许你没办法控制住当下的愤怒，但可以用一个谅解的微笑向亲人发出信号："哦，是的，我知道你的感觉！"

在这艰苦的岁月里，你有一个不可缺少的任务，那就是从堆积如山的日常烦恼和各种责任中挖出一条平坦的道路，当面对被遗忘的便当、堆成小山的脏衣物和高耸的碗盘堆时，思考一下怎样才能使你和伴侣团结起来。

对伴侣而言，最糟糕的情况便是你用责备的眼神看着他，一旦那样做，对方会很容易迅速做出令人不悦的反应来回击你。但如果用带着爱意的眼神去看对方，则会收获很大。成为一个时刻都很了解对方的伴侣是很困难的，但这恰恰能够拯救你，呼唤你用心去感受和体谅对方，帮助你建立一个可以给全家人提供支持的坚实基础。

永远不要忘记你们之间曾经分享过的美好事物。在某个时刻，你爱上了对方，在对方身上看到许多闪光点；在某个时刻你谨慎而羞怯地牵起对方的手……记住你们组建家庭的初衷，要相信还有回头路可走。

重新正确地感知彼此，通过某些必要的方法相互靠近。例如，问候伴侣，说你想念对方，为某事道歉，或者只是请他一起喝茶。

这些小事情虽然听起来微不足道，却可以帮助你们重新培养爱情。

关于性生活

现在你的生活将变成一个混乱的大杂烩，脏衣服篮，流不完的鼻涕，循环播放的童谣，待更换的尿布，玩具旁已经湿了的尿布……但你的生活也将拥有诸多美好的事物，其中大部分将围绕养孩子这个主旋律进行。你和伴侣之间轻声细语的爱意表达似乎不包含在这些事情里面。

许多夫妻在孩子上幼儿园的岁月中有爱情逐渐消逝的经历。孩子出生了，从字面上看，爱情结出了果实，但是伴侣之间开始彼此远离，甚至可能没有注意到爱情的消逝，因为在他们看来，一切都不再只是两人的事了。

但别忘了非常关键的事情：即使家庭里的整个后勤工作无法正常运行，或者到处都堆满了乱七八糟的东西，这些都不重要，唯一重要的是，孩子会注意到你与伴侣的亲密关系，彼此相爱，幸福甜蜜，眼睛里充满爱。

这会给孩子带来安全感，并给他们信心，觉得自己身处一个安全的平台之上。在充满爱的房间里，即使乱七八糟，孩子们也可以茁壮成长，千万不要让他们在敌对和寒冷的氛围中成长。

但是当混乱占据了你太多时间，你又该如何能找到享受亲密关系的时间呢？当你筋疲力尽只想倒头睡觉，或者只能睡在孩子床边的硬地板上时，肯定不会想到要做爱。也许你很幸运地准备好了要来一场爱的运动，但心里却想着，可能再过半小时孩子就会醒来并听到声音，会往你们这边赶过来。

认识到性的作用是非常必要且值得的。在长期的共同生活中，性行为是一种主要的交流形式，会让伴侣觉得他或她对你来说很特别：你给我一些别人无法给我的东西，我希望与你亲近。这种排他性的感觉至关重要，值得为此付出一些努力，但这只有在你们之间还存在交流的情况下才会发生。

试着听对方的倾诉，了解在生活中对他们重要的事，即使每天只有几分钟，也要坚持交流，并互相支持。如果他对灯泡破裂感到恼火，请帮他更换；如果她不会洗车，就替她洗车。这听起来可能很奇怪，但互相帮助意味着共赢，事物都是相互的，对性的要求也是如此。

另外请注意，性生活的状态是起伏不定的。如果你们中的一个生病、工作忙碌、有财务问题、忙于装修事务，或者因其

用满满的爱心和宽容来对待你的伴侣。你们两个亲密无间时，孩子便会找到安全感。

♥

他原因引起麻烦，这些都将直接影响你们的性生活。这并不一定意味着你们的性生活会永远枯竭，但你需要尽快采取措施弥补失去的时间。当家里有小孩子时，日子总是忙忙碌碌的，但生活终将再次变得平静。

许多有这个年龄段孩子的父母都分享过这类经历。"但是他总是想要做爱！"妻子说，"我完全没有动力拥抱他，总是在他希望更进一步时拒绝他。"

男性通常更擅长保持性欲，他们的生物学特性有助于他们做到这一点。但是当他们一再被拒绝时，会觉得自己不再性感和有吸引力。

"每个人都想从我这里得到一些东西，孩子们想要拥抱，小的孩子仍然需要乳房，我累得快死了，然后他还想做爱！"她接着说。与此同时，丈夫在自己身边的地位变得越来越低，成为一个不断提出要求却从来得不到满足的人，尽管他只是希望在混乱的生活中多一点亲近，多一点放松。两个人对于对方都有不满和抱怨，这常常导致彼此远离。

要想进行美好的性爱，就必须正确"观察"你的伴侣，这不仅与满足需求有关，还与相互沟通有关。这种交流能够使你们减少障碍、实现和解，请为这种交流留出空间。这不是说每天都要做爱，而是要向对方承诺，一旦有合适的时机就可以做爱，为了获得这样的美好时机，伴侣得首先允许自己睡个饱觉。同时也不要过分担心可能出现的意外，可以先妥善安排好小孩。这是让自己和伴侣不要太过紧张的唯一途径。

但是如果孩子们在我们做爱时进来怎么办？这是许多夫妻担心的问题。好吧，这种意外状况确实无法完全杜绝。小孩子

在孩子上幼儿园的几年中保持伴侣之间的吸引力的 5 个方法

1. 保持对伴侣的热情和兴趣，两人在晚上的时间里彼此交流这一天的生活，并制订下一天的计划，在这一刻，两人可以依偎在一起互相倾听对方的话语。

2. 保持身体接触，互相拥抱和抚摩。不必太多，仅仅这么做就可以表达很多情感。

3. 互相支持。通过行动向伴侣表明你对他最好的祝愿。

4. 在这个时期，性行为常常是一件需要速战速决的事情，但记得漫长而美妙的融合时光一定会再回来，现在只是需要度过的一个特殊时期。

5. 偶尔把孩子交给保姆。一个没有孩子的夜晚可以创造奇迹！

并不了解发生了什么,只要你迅速将注意力转移到孩子身上,并尽可能挽救局势就没关系了。对于孩子来说,父亲和母亲彼此保持距离可要比这样短暂的尴尬时刻糟糕多了。

保 姆

好的保姆可以使孩子受益匪浅。当小孩子有一个保姆时,他会感觉很棒:为孩子创建不同的氛围及不同的规则,你自己也可以偶尔有一整个晚上的个人时光做些不同的事情。家里拥有保姆能帮助孩子明白其他成年人也可以为他提供安全感。

还有一个方面不容忽视:如果父母在某个晚上把孩子交给保姆并一起去做些自己的事情,孩子会看到父母对彼此的重视,他们会认为这很棒,是一件积极的事,并感到自己的家中充满爱。

嫉 妒

真的很奇怪,为什么我们总是很容易陷入这个与人类历史一样古老的错误模式?我在接受咨询时听到一个女性客户谈起她对其他女性的看法,我发现她总觉得自己的伴侣身边出现的女人比自己更有吸引力,她总想通过某些措施来解决这个问题,却导致她的历任伴侣最终都对她失去了兴趣并远远离开。她的措施是:指责伴侣,把伴侣推开,让他们难堪。

嫉妒会滋生恐惧，一旦男人对你产生恐惧感，就会想要远离你，所以你这么做不会将他拉向你。

嫉妒的根源是一种对内心的表达，表达自己在生活中真正对某事或某人的渴望。但是，一旦它以某种暴力的形式呈现，就像突然爆炸的毒气，使你觉得自己微不足道并感到愤怒，这样它便具有了破坏性。然后，你就很容易变得言行夸张。这时最好的说法也许是："我觉得没有安全感，如果你出门在外，不要让我听到任何关于你的不好的消息。"而不要去偷偷地翻阅他的手机，这会让他觉得"她不信任我"，并且令你们的关系陷入麻烦。

从男人的角度来说，很多人会觉得很突然，不明白为什么就失去了她，不知不觉间女方对他的爱就已经微乎其微了。也许这个男人从来都不会明白，向她表达自己的爱有多重要。

从女人的角度来看，她也没有注意到，自己总认为自己在对方眼里微不足道且缺乏吸引力是不正确的，是种错觉。

你不必在这条错误的路上一直走下去，可以先停下来，转过身，再次朝彼此迈出一步，将自己的弱点坦率地表达出来，并学着正确地重新认识对方，即使你在这几年里总感到筋疲力尽。

相信我，你们最终会达到一个更好的平衡。

展现团队精神！

如果你想成为一个优秀的家庭团队合作者，就应该遵循一个规则：不要低估你的伴侣！

必须相信，自己选择的伴侣可以胜任父亲或者母亲的角色，要看到对方的能力，给对方机会改进并尝试做一下以前从未做到的事，给对方机会去获得新技能，并在对方这样做的时候用善意且有爱的眼光给予鼓励。如果人们在做事时总会面临批评，就很容易在某个时候放弃。

如果日常生活成为你们其中一个人的负担，那么另一个人就必须介入并努力使状况平稳下来，这就是家庭团队的意义和彼此扶持的方式。两个人都明白这么做有多重要：彼此相爱，陪着对方重新振作，为对方感到骄傲。

请展现出你的"团队合作精神"：当发现队友筋疲力尽时，请接棒上场，这就是作为一个优秀团队合作者的意义。

语言发展

幼儿园的孩子处于语言能力发展的最敏感期。孩子学会了说话,讲得比以往任何时候都更快更轻松,他们也发生着快速的变化。

大多数孩子在 2~3 岁时可以说由少量单词组成的简短句子,但要想让他们对某个问题给出详细答案,仍然需要一段时间。等四五岁时他们才开始了解关系词,例如"如何"和"为什么"。5 岁左右,许多孩子还存在发音错误,他们自己往往意识不到这种错误,但随着年龄的增长,这些发音错误通常会自行消失,你不必过于担心。当孩子即将上小学时,他们将掌握更复杂的句子,而且许多孩子讲话几乎和成年人差不多。

孩子之间语言能力的主要差异在于何时开始说话,以及语言能力发展速度的快慢。科学家发现,孩子学会说话的速度取决于他们各自的家庭环境。无论你们的孩子属于哪个类型,对语言的熟练掌握都是他们人生的里程碑,这让他们可以玩更多新的游戏,有机会表达自己的情感和想象力,语言是孩子们逐渐通往开放世界的门户。

帮助孩子更好地学习语言是当下最有意义的事情。

有关语言学习的几点提示

- 找出孩子的兴趣点，与他们交谈。这样有助于孩子更容易地使用语言。

- 问一些孩子可以回答的问题，不要问过于复杂的内容，5岁以下的孩子要避免询问因果类的问题，即使对于成年人，"如何""为什么"之类的问题也令人难以好好回答，首先可以问孩子"谁""什么""哪里"之类的问题。

- 等待孩子做出回答。要付出耐心，对于3~5岁的孩子来说，可能需要一些时间来准备答案。

- 一起阅读，一起唱歌！使用单词或者词组的节奏和韵律帮助孩子学习语言往往会带来令人惊讶的学习效果，也会给孩子带来很多乐趣。对孩子来说，简单的韵律就是他们这个年龄的语言，使用起来毫不费力，没有落后之感。

- 从5岁开始，孩子讲故事时会变得更加自信，接着很多来自孩童视角的关于梦想世界的表达就会出现，你要鼓励孩子向你展示他们奇幻的想象世界。

- 如果孩子在双语家庭中成长，你就应该花费更多的时间，使用每种语言与孩子交谈，陪他们阅读和唱歌。学习说话就是需要沉浸在语言环境之中，而学习两种语言需要付出加倍的努力。

为孩子播种安全感

如何应对遇到的问题是孩子人生中最重要的一课。比如，当你把孩子送到幼儿园后必须转身离开时，孩子小小的世界似乎要崩塌了；或者当你不在孩子身边时，他就无法按照他想要的方式来拼拼图……你必须在他们身上播种下安全感，让孩子相信即使自己不在他身边，世界也不会终结，一切都会好起来。

如果孩子不会做某些事情，不要立刻对孩子说："坐下，我帮你弄好它们！"如果你一直扮演孩子的问题解决者，那么你自己便什么事都做不了，只能一直待在他身边不停地帮他解决问题。如果让孩子参与到解决问题中来，从采取第一个步骤开始，然后继续深入，最终为孩子打下一个良好的基础，未来他们无论是在10岁时面对数学考试失败，还是在20岁时面临失业的打击，便都可以更加坚强且积极地面对问题并加以解决。

生活总会为人生带来无数挫折，这个年龄段的孩子自然也总是小挫折不断，因为他们总是雄心勃勃想要做到各种各样的事情。

还拿拼图游戏举例，当孩

子因为不会拼图而烦躁时，我们可以和孩子商量，提出可能的替代方案，问问孩子是否可以先试试拼出拼图的另一部分。这样就带给孩子一种讯息，那就是即使在最绝望的情况下，也可以获得满意的处理结果，而不要总是围着自己解决不了的难题打转。

我们成年人可以轻松解决大多数问题，因为我们知道如何应对，但是孩子必须首先学习如何面对困难。你要向他们指明一条路，让他们逐渐明白，即使失败一次，天也不会塌下来，为孩子播下安全感的种子，在他们以后的生命中生根发芽，让孩子在遇到困难时可以对自己说："我相信，我可以应对并找到解决方案。"

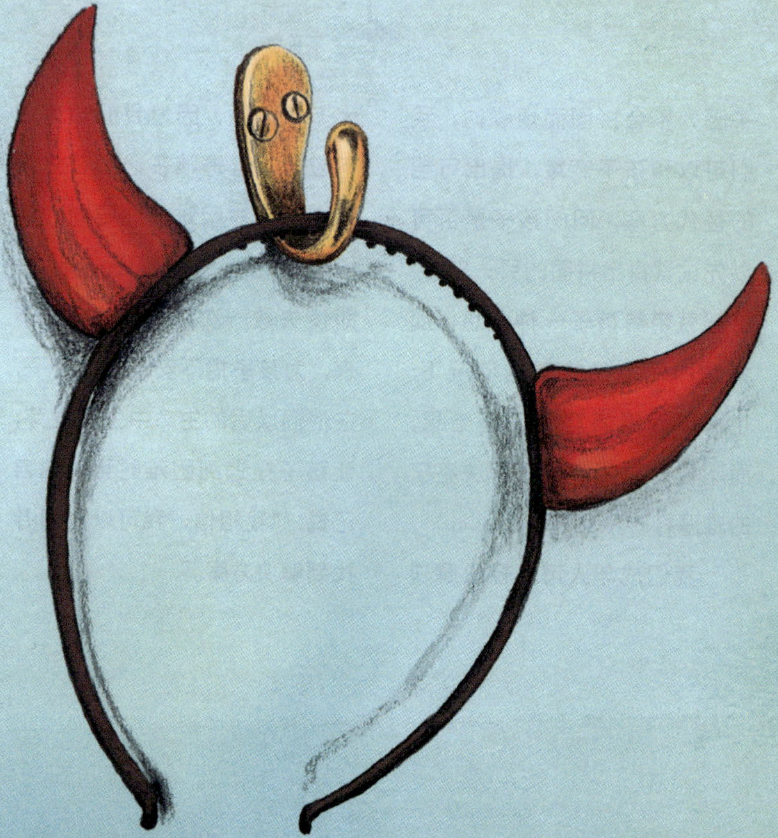

6

第六步
管好你的情绪

孩子上幼儿园后，日常生活的节奏将比以往更加紧张。这个年龄的孩子还不知道自己需要什么，但实际上他们的需求一直很多，与此同时，他们仍然缺乏自己做事的技能，因此很容易与家庭成员发生冲突和矛盾。

你在忙碌地准备晚餐，在热菜还没端上桌之际，几个兄弟姐妹在争论到底听哪首歌，这时玻璃杯掉在地上，因为有个小家伙想帮忙摆桌子。设想一下类似的场景吧，它此刻在很多家庭里都会发生。有小孩子的家庭，日常生活总会时不时陷入混乱，大大小小的危机总是接连不断，所有的家庭都面临着和你一样的处境，没有人能幸免。

但是我们接下来该怎么办呢？在这个暴风骤雨随时来袭的阶段，你要如何面对孩子呢？不会有最完美的解决方案，但是否有一个可以帮助你们更好度过这个冲突时期的小秘诀呢？当然有！你要记得，孩子现在比以往任何时候都更需要你，应尽量避免那

> 受到惊吓的孩子会把内心突然关闭起来,再无法接收任何信息,什么也听不见,什么也记不住。因此,你应该先让自己冷静下来。如果冲孩子大喊:"现在你必须得听话!"这就表明你和孩子都陷入了恐惧,孩子也会对你的话充耳不闻。

些容易犯的严重错误,绝对不要把孩子一个人丢下或体罚他们。

如果你经常责骂孩子,或常让他们陷入冲突的紧张处境,他们就会受到伤害,这会破坏孩子对你的信任,破坏你们之间的情感纽带。

通往孩子的内心

孩子们会尖叫,向周围扔东西,发脾气并撕毁所有东西,他们甚至会骂、打、咬你,甚至撕扯你的头发。但他们这样做,是因为他们还没有学会用正常的处理方式表达自己的情绪,他们需要时间来学习如何与他人相处。

无须担心孩子情绪的爆发。如果 4 岁的孩子情绪失控,生气或暴躁,他们通常是在表达自己的无助,你可以告诉孩子,这样做已经越过了界限——以不会吓到孩子的方式来帮助他们，陪他们一起克服这些强烈且负面的感受，孩子们在此时还没有能力独自处理自己的感受和情绪。

当孩子情绪平静下来之后，可以与他们进行一次谈心，探讨导致他们情绪失控的根源，以及下次再遇到类似的情况时可以如何处理。孩子学习情绪管理需要时间，要引导孩子冷静且耐心地面对问题、摆脱困境，他们终究能够学会正确地处理这些感受。

我非常清楚这个过程是多么不容易。常有绝望的父母坐在我的诊所里对我说："我无法与孩子沟通，我不知道有什么解决办法。"尽管我很理解父母们的这种感觉，但这种反应有些过于严重了。总会有通往孩子内心的路径，你要做的就是找到它。

糟糕的惩罚方式

大卫和爱丽丝之所以来找我咨询，是因为儿子的幼儿园找他们过去谈话，他们4岁的儿子说父亲殴打他。父母强烈否认了这一点，还认为这个男孩说得太夸张了。后来真相逐渐浮出水面，尽管他们没有殴打他，但如果认为他做错了事——当他磨洋工、用衣服当玩具来调皮捣蛋，或在父母看来无缘无故地哭泣的时候，他们会拍打他一下作为惩罚。这种做法产生了一定作用，儿子在这些方面就变得比较在意。

大卫说他自己也是被这样养大的："这并没有伤害我。"他在恶劣的环境中被母亲独自带大,那时对他们来说唯一重要的事就是第二天能否赚到足够填饱肚子的钱。惩罚已经是最小的挫折了,大卫还会时不时被暂时寄送到其他地方,这是他到现在都觉得很痛苦的事。他成年后不太去看望母亲,对她没有太多感情,不愿与她亲近,但大卫补充说,他感谢母亲为他所做的一切。

爱丽丝第一次听到这些信息。她对他的童年一无所知,她以前总是觉得自己的丈夫很坚强,把他看作一个有力的保护者,虽然偶尔有些过于严厉。爱丽丝则来自一个温暖的家庭,与父母的联系和见面也很多,按照大卫的说法,"见得实在太多了"。爱丽丝一直以为大卫应该最清楚如何养育一个男孩。

那个秋天我们经常见面,谈论惩罚会对孩子造成什么影响。责备与惩罚似乎具有一些短期效果,以至于父母更容易过分地惩罚孩子,但这将对整个家庭产生长期的破坏性影响。

简单地从肉体上或精神上惩罚孩子,而不是与孩子好好谈论事情的本身,这会导致不信任和距离感,破坏了"我们"这个词的真实内涵,剪断了家庭关系纽带,各个家庭成员只能毫无联结地发挥各自的角色功能。"我之所以这样做,是因为我必须这样做",这种想法与基于信任的亲密关系是完全背离的,导致的结果是孩子感到孤独,且不信任成年人,最终在与父母的交往中感到痛苦。

大卫和爱丽丝意识到,当儿子做了他们不赞成的事情时,他们不能再按照原来的方法处理了,必须寻求更好的方法;大卫

如果关系恶化了该怎么办？

1. 深呼吸并好好思考。如果你认为孩子的紧张情绪导致了状况恶化，请退一步，思考一下现在可以做什么。当你能后退一步、保持镇定的时候，就可以避免自己因为轻易暴怒而做出惩罚孩子的事。

2. 处理当前的状况，与孩子保持直视，尝试与他们一起找出情绪爆发的根源：是什么让他感到沮丧？

3. 帮助孩子应对这些情绪："哦，你忘记了我们现在就要走吗？我知道了，但是我们没有别的选择，还是必须要离开了，过来！"

4. 孩子磨蹭，做错事或听不到你的话是很正常的。那意味着他们需要你的帮助，而不是惩罚。童年最重要的事是不断学习如何做得更好，通过榜样的力量学习，在别人面前学习，而不是在排斥中学习，到孩子面前去，不要让自己成为孩子的敌人。

5. 掌握主动权，为孩子提供合理的指导，孩子需要学习，但他们需要通过别人为他们指明正确的方向才能好好学习，也只有你才能承担起这个任务。

也更清楚地看到了他和母亲之间不正确的相处方式，惩罚就是他们如今保持距离的原因。大卫和爱丽丝在治疗结束后以全新的姿态离开了我的诊所，我希望他们能够将这种状态一直保持下去。

重要问题的一个答案

孩子现在处于必须在社会中找到自己位置的年龄，他们将在那个位置上逐渐融入社会。我们的成长过程使我们找到自己是谁、自己有什么价值的答案。我希望别人怎么对待我？我为什么值得被爱？我在照镜子时会看到什么？我的价值是什么？这些问题将贯穿我们的一生。我们如何回答这些问题则决定了我们每一天的选择，决定了我们最终会成为什么样的人：是乐观、自信的人，还是充满怨念的悲观主义者。

随着时间的流逝，受到惩罚的孩子在面对生活中的重要问题时总会感到自己无能，或没有价值。

惩罚，无论是身体上的还是精神上的，或者不断告诉孩子他们在某方面做得不好都不能增强孩子的抗压力，只会使他们变得没有安全感。"简直无法容忍你待在家里""愚蠢""没教养""恶劣"……所有这些标签都不会让孩子学到任何东西或获得进一步发展。

惩罚会导致自卑感。惩罚只会给出一个讯息：你不值得被爱或让人付出。惩罚只会告诉孩子不该做什么，而不会提供解决方案。而且惩罚将孩子放置在了失败者的位置上。

我在很多人身上看到过：在惩罚中长大的孩子将永远不会为任何事情付出积极的努力。他们中的一些人一生都在自己"一文不值"的内心中挣扎，而另一些人则放弃了自我。他们会很难良好地应对生活的需求，在与他人，尤其是与你（父母）打交道时会遇到很大的困难。惩罚意味着切断你和孩子之间的那条纽带。如果你认为惩罚在养育孩子的过程中是必不可少的，那就大错特错了，必须重新考虑这个问题，不要醒悟得太迟。在养育孩子的过程中，只有用爱、鼓励和温柔的指导不断灌溉才是正确的，才能为孩子提供安全的保障，孩子将从中学习生命中一切重要的东西。

找到正确的方法

可以打一下孩子来阻止他们的行为吗？如果孩子咬你，该怎么办？在某些时候我们必须束缚住孩子，比如紧紧抱住或控制住他们来阻止他们的不当行为，这时我们用多大的力量比较合适？

法律给出了非常明确的指导方针：儿童有权享受非暴力的抚养。即使是被广为提及的"一小巴掌"也会造成损害，同理，对孩子抱得太紧或压得太紧也是如此。所有这些惩罚措施，仅会向孩子传达一个信息："我会伤害你。"

但是有时候，你必须束缚一下孩子才能使他们平静下来，这时必须使用力量。我也有这样的经验，但是我也知道，用束缚让孩子平静下来，和用束缚令孩子屈服，两者之间有很大的区别。

如果你要带走一个不想离开的孩子，请尽可能轻柔地做，不要强行抱起来，用一只胳膊将他们拎在身后，这样会弄疼孩子，让孩子更加无法平静下来。最好将孩子怀抱起来，尽管这样拥抱一个挣扎着想要去别的地方的 3 岁孩子可能比较困难，但这样做可以尽量减少施加在孩子身上的力量。

你比孩子庞大得多，对他们来说是具有压倒性优势的人；你也比孩子聪明得多。你应该把自己的力量和聪明才智用在保护孩子上，而不是用在伤害孩子上。

被遗弃的孩子

我在第二步中已经讲过，父母需要帮助孩子应对他们遇到的情绪问题。作为成年人，你对"情绪困境的地形图"很熟悉，没有你的指引，孩子就很难越过这些障碍，父母应始终牢记这一点。

总会有很多孩子被要求独自待在某个地方静静反思自己的行为，或者被送回他们自己的房间关着。父母的这种做法是可以理解的——总有这样的时刻，你想不出任何比面壁思过或关禁闭更好的解决方案，这是无能为力之下的选择，但事情过后，人们总会意识到这并不是最佳的解决方案。

面壁反思真的不是一个好办法，它不能给你带来任何帮助。让孩子独自反思自己的行为从来都不能产生任何好的效果，只会让孩子产生恐惧感。孩子在这个年龄段还无法对自己的错误行为进行正确的反思，相反，他们可能只是坐在房间里感到非常害怕，并不停地问自己，在父母冲自己大吼"你为什么总爱

> 有意义的做法是，等待双方情绪平静下来，然后就此事与孩子进行交谈。这样做能帮孩子学会表达自己的感受以及追寻问题的原因。从长远来看，这能帮助他们成为更幸福的人。

发脾气？"时到底发生了什么。

如果此时此刻让孩子独自待着，就相当于将他们留在一个陌生的环境中。他们不知道出路在哪里，孩子能依靠的只有你。通过这样的"自我反思时间"，你强迫孩子必须自己找到出路，这超出了他们的能力范围。

充分地理解

我记得有一个被5岁的孩子折腾得鸡飞狗跳的家庭。那个孩子用手紧紧握住玩具权杖，进行各种破坏，摔坏了东西，还把门砸破了。每当孩子生气时，其他人都必须听他的。母亲一直试图理解并宽容孩子的行为，即使他到处打砸的行为已经超出了她个人的忍受底线。这个母亲想不惜一切代价表现出包容，甚至批准孩子一切行为，包括殴打别人。

但是，母亲如果不好好教育孩子，他又该如何学会必须尊重他人，不能越过与人相处的界限这些道理呢？

理解是件美好的事情，但没有正确的引导、教育、更正，理解就不能发挥它正面的作用。一些父母对他们的"小嫩芽"表现出太多的理解和宽容，以致他们自己在孩子面前的行为都变得前后矛盾，父母立场的不清晰很容易让孩子感到困惑。你虽然应该尝试去理解和包容孩子，但也不要忽视全局：所有家庭成员都有自己的价值，家庭成员之间的关系不应该失去平衡。

如果儿子打了母亲，她应该怎么做呢？

反击永远不是一个好的解决方案，甚至一点儿用也没有。许多父母会使用第三人称教育孩子："你不能打妈妈！"这句话本身是对的，但是应避免这种表达方式造成的距离感。你应该做的是使用孩子可以理解的语言："不！不要打我！不要打我！"你应该向孩子传达一种信息，即使在生气时也不能把打人当作解决事情的方法，这对他们自己或其他人都没有任何帮助。

当然，有些时候用言语还是解决不了。一个孩子的力气也不小，尤其在愤怒的催化下，你想抓住一个 6 岁的孩子也不容易。但从长远来看，动手体罚这些手段并没有用，最终只有言语的交流和互相理解才是最有效的。

处于暴怒中的孩子需要感受到大人的理解，感受到你明白他情绪动荡的原因并在努力帮助他找出口。当一切都平静下来后，你们已经吃过东西，或已经坐车回家，这时你就可以和孩子谈论一下到底发生了什么。

永远不要在问题正在发生时与孩子谈论这件事。你必须先帮孩子解决问题，事情解决之后，你们就可以针对这个问题聊一聊了。

♥

分析藏在背后的深层次原因

当一场混乱结束后，一切都平静下来，真正需要应对的工作才刚刚开始，你可以试着去寻找发生这个问题的原因。如果是 2 岁或 3 岁的孩子，你们还不需要谈论得太多，只需让孩子逐渐接受一个事实，那就是事情不会轻易过去，仿佛和没发生过一样，他必须去面对问题："亲爱的宝贝，你不觉得刚才的做法有点不对吗？"要这样告诉年幼的孩子，也许他们会点头，然后你就可以接下去解决问题。从 4 岁起，可以一开始就向孩子提问："发生了什么事？"暂时不要指望孩子拥有足够的理解力或有深度的表达，请接受孩子给出的答案，在孩子给出答案的过程中不要说教或者纠正。让孩子习惯于这个事实：即使是一些很糟糕的事情，他也可以表达出来，无论什么你都会认真倾听。

在孩子上小学后，你就可以更轻松地为他们提供指导和各种可以解决事情的替代方案。对于幼儿园的孩子来说，更重要的是父母作为他们最亲密的支持者，向他们表达了理解。

一旦眼泪已干，愤怒消退，就应该找出情绪爆发的原因了。问问自己，到底发生了什么，哪些是可能的触发因素；也问问自己，这件事实际上意味着什么，现在怎么做才会对状况有实际的帮助。

给孩子一些时间

孩子们有属于他们自己的慢节奏，强迫他们承受压力并没有多大用处。如果你着急出门的时候，孩子们没有一个穿好了外套，那么你这时的唠叨只会让情况变得更糟。孩子们还没有时间感，也无法理解你为什么这么着急，他们只是没有了解这件事的概况，或者只是想到了完全不同的东西，却没有捕捉到有关更换衣服的任何信息。这就是家里有小孩的父母总是迟到的原因，社会应该给予这些父母更多理解和宽容，毕竟大多数人一生中都会经历一次或几次这样的时期。

父母千万不要轻易认为这是小孩犯的错误。一个 3 岁的孩子在咖啡馆待一个小时不会获得一点乐趣，而如果你很幸运地随身带了玩具，那么他们也许能在咖啡馆好好待上 45 分钟。如果你发现孩子最终玩腻了这些玩具，就收拾好自己的东西，去对孩子来说更有趣的地方。无论如何，在这个时期，你还是应当把孩子的需求摆在第一位，不要总是为此不满或生气，你的愿望和想法必须为孩子做出让步。

如果一定要我说些安慰的话，我会告诉你：几年后，一切都会有所不同。现在，每个星期天，我都会与长子一起坐在咖啡馆里，我俩每人拿着一本书，点一块胡萝卜蛋糕，他也很喜欢这样的时光。

吃一块巧克力吧

我之前已经讲过，试图让孩子在他们饥饿、疲倦或暴躁时冷静下来是不可能的。小小的孩子精力有限，可能很快就会感到筋疲力尽。我们成年人可能不太在乎他们在幼儿园的日常或这一整天的经历，但可以联想一下自身，如果每天都在同一时间参与各种活动，学习很多新事物，面对很多人，是不是会感到累？所以孩子常常比我们想象的更加疲惫。

因此，父母们都很伟大，他们在结束了一天的工作并再次见到孩子们时，并没有完全筋疲力尽，他们要继续准备好晚餐，等待每个人都安全回到家，帮助所有人找到回家后的节奏，并时刻与孩子们保持交流和联系。

到幼儿园接孩子的父母最好有良好的血糖水平。请事先吃一块巧克力或一些坚果，或任何可以给你提供能量的东西。如果你像孩子一样疲惫，将无法履行好自己的育儿职责。

作为成年人，你也应该对自己负责——吃一块巧克力吧。

准备两个备选方案！

　　幼儿园的孩子喜欢做选择题，却不愿意做问答题，做回答让他们感到困扰。你只需询问3岁的孩子是愿意在三明治上加香肠还是奶酪，不要说："你想在三明治上加什么？"小孩子可以解决第一个问题，但第二个问题则超出了他们的能力范围。

　　我认识的一位教育家曾告诉我，父母经常强迫孩子跳进"决策陷阱"，这简直是最糟糕的事情之一。向孩子提出没有任何意义的问题，比如："你现在要回家吗？"这对于一个疲惫的4岁幼儿园孩子来说可不是个好问题，你们现在要做的只是离开幼儿园而已。更糟糕的是，如果孩子挑衅性地回答"不"，那么情况就会变得更加复杂，难以解决。你必须自己解决这个问题，而不是让孩子去做选择。如果是"你现在到底想要什么？我不明白你想要什么！"这样的问题，会给孩子造成同样的伤害，会使孩子感到困惑或难过，因为在这种情况下，他们背负了做选择的责任，这对他们来说太过困难了。

　　另外，让孩子自己控制生活中的某些事情也很重要。做决策可以给孩子带来新的动力，让他们逐渐学会承担责任，让孩子更加自信。但是，你只能让孩子做他们能够做出的决定。

　　"你想先穿哪只鞋，左边

还是右边?"就是个很好的例子,简单又清楚地表明了你对孩子的信任,让他们自己做出选择,由他们自己决定穿鞋的顺序,孩子会因此更愿意自己穿鞋。穿衣服的顺序,晚餐要穿什么衣服,先刷哪颗牙齿,从哪里开始清洁工作……每天都有很多孩子乐于做选择的事,他们可以从自我选择中汲取新的能量。如果你想实现这一点,必须给孩子挑选那些他们有能力做出决定的事。不要提供两个以上的选项,只有当孩子接近小学年龄时,才可以让他们从三个选项中进行选择,但仅此而已,不能再多了。

如果让孩子们自己从这些最简单的选项中做出决策,他们就会对自己的日常生活充满热情!

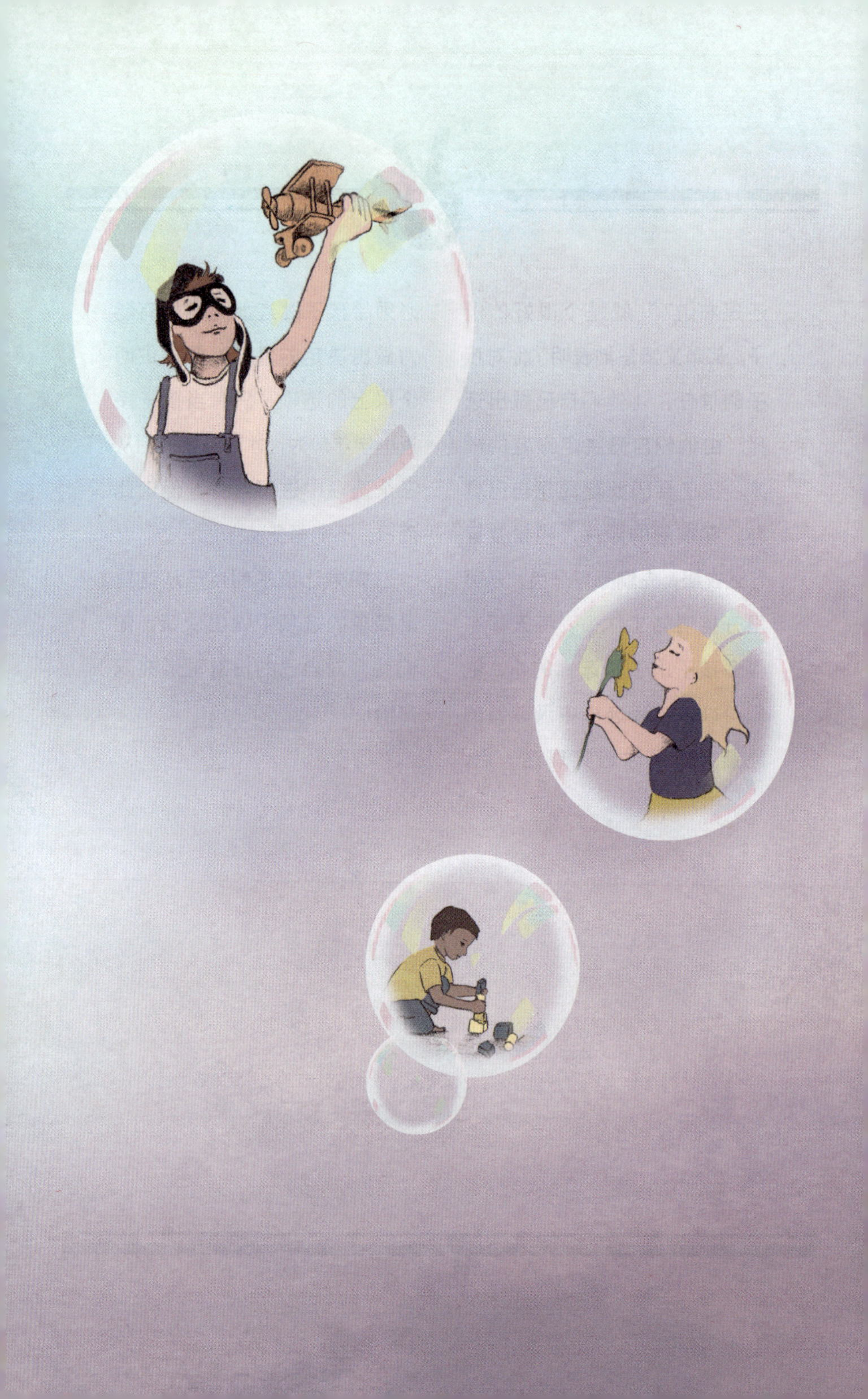

第七步
学会适当放手

孩子需要你，但终有一天他们将离开你，并开启独立生活，自己照顾自己。很难想象这一天会如何到来，但在那之前还有很长的路要走。在未来的某个时候，你将帮助孩子收拾行李并搬上卡车，说再见，孩子第一次离开家，他要搬进另一个地方的公寓独立生活。

养育孩子实际上只有一个目标——孩子有一天将完全具备独立的能力，并离开父母自己踏上人生的道路。但在本书描述的年龄段下，孩子不希望也不应该与你分开太长时间。虽然他们正在慢慢扩大自己的圈子，但家庭和家人仍然是他们生活中的重点。看着窗外5岁孩子在独自玩耍，这是多么美好的画面，无论对你还是对孩子而言。现在，即使孩子还不能独自应对很多事情，也需要有这种自己玩耍的体验，这样他才能了解所有的可能性，了解自己是否可以独立应对某些挑战。孩子们需要自己小小的修炼，需要拥有自己的小秘密，发展自我意识。

这些都将帮助孩子成长，为他们搬出家门的那一刻做好准备。

洞穴和帐篷

你还记得自己小时候拥有一个仅属于自己的小空间的感觉吗？那种感觉是怎样的？在衣柜下的壁橱里，或者在祖父母家的沙发后面，在树林里的一个角落用树枝堆成的一个木屋里。我至今仍然记得小时候躲在餐桌下的奇妙感觉，客人来访时，桌布长长地垂下来，那里就成了我自己的私密空间。孩子们需要这些激动人心的"秘密岛屿"，在那里度过属于自己的时间，享受不被发现的快乐，这对于孩子来说特别棒。

孩子两三岁的时候还很少会这样将自己藏起来，但是当孩子四五岁时，他们就需要一个成年人看不见的地方，在那里可以拥有一些自己的时间和空间，此时，你的理解和"撤离"对他们来说非常重要。孩子们喜欢帐篷和洞穴，因为这是他们的藏身之处，他们可以在这里将自己沉浸在一个远离别人的秘密世界中。要允许孩子们这样做，并为他们创造空间！总是待在大人的目光监视之下也让他们感到很无趣。

当然，孩子们脱离大人的监视后时不时会做出一些愚蠢的事情，会剪别人的头发，用喷漆"美化"墙壁，吃一些不该吃的东西，但这些小插曲都无伤大雅，这类尝试都会带给他们一种安全感，一种试着去了解自己的感觉。条件合适的情况下，父母进行一次奇妙的"撤退"吧，退出孩子的空间，让他们自由发挥。我在书的前半部分里建议父母拥抱孩子的幻想世界，

> 所有的孩子天生都拥有发现新事物的热忱，渴望获得新知识，尝试新游戏，如果你给孩子提供自由玩耍和自由发展的机会，他们将学到很多东西。

因为孩子们迟早要独自打理自己的生活，但是只有在经过充分练习的前提下，他们才能学会如何对自己的生活负责。

这件事有其自身发展的步骤，5岁时孩子可能需要10分钟到20分钟，但这一点点宝贵的时间已经是个很好的开始。

许多父母担心孩子拥有自己的秘密，担心坏事会在自己不知道的黑暗角落里发生。但是秘密也可以是美丽且令人兴奋的，要珍惜孩子的这种保守秘密的感觉，这可以建立起牢固的信赖及忠诚关系，孩子们需要秘密，需要属于自己的单独空间，请给他们尽可能多的空间。然后帮助他们慢慢了解好秘密和坏秘密之间的不同，告诉他们，好的秘密会带来多么美好的感受。

没办法安静地坐着

我还记得自己以前曾经表达过关于孩子应该怎样守规矩的观点。而到了如今，我不再认同自己当初的观点。培养一个礼貌的、安静的孩子，在想象中很容易，但当你真的拥有自己的孩子时，就会发现这事实上困难得多。这个年龄的孩子甚至不能好好地多坐一会儿。也许你的孩子在 2 岁时还能在足球比赛或教堂礼拜中耐心地坐一阵子，但很快，当他 3 岁时，就会变成一个到处乱窜的燃烧着的小宇宙。这并不代表你的教育不足或不正确，而仅仅是因为孩子已经 3 岁了，这么大的孩子就是如此。当然你总是无法避免在某些场合必须得让孩子们安静地坐一会儿，那就应该提前好好准备一下，带上能让他们安静的东西，比如好吃的或者好玩的，并且最好有替代性的地方可以去；当身边其他的孩子太多，或孩子控制不住开始吵闹的时候，可以选择换一个地方，千万别认为你们总能和平地待在原地。

幼儿园年龄段的孩子根本就不想安静地坐下来，所以你要尽可能地为他们做好准备，并欢迎孩子进行生活的发现之旅。

过分热情的父母

父母在育儿方面总会有些"野心勃勃"，你可以教 3 岁的孩子学习阅读，这不是特别困难的事情，但问题是，他们总会忘记刚刚学到的东西。在孩子真正准备好学习阅读之前，这样的超前学习无法带来任何好处和快乐，提早迈出一步毫无意义。

孩子现在应该学习那些能为自己提供帮助和带来快乐的事情。认为孩子越早开始学习知识就会掌握得越快越好是错误的。

如果你的儿子 3 岁就开始上练习课，他也不会理所当然地成为一名足球运动员或小提琴手。即使幼小时天赋看起来很突出，最终的现实也有可能大相径庭。小孩子只有在发现某种新事物特别有趣，并对其表现出持续的兴趣时才会去学习。如果你的女儿喜欢踢足球，那只要她愿意就应该允许她踢足球，但她仍然不会仅仅因为 4 岁就加入了足球队而成为阿达·赫格伯格。

另外一个父母总会犯的错误就是比孩子有更大的野心。一个人要想做好某件事，首先得对这件事感兴趣，如果孩子要在一个领域取得成功，兴趣和乐趣比其他任何因素都重要。当某件事成为一种义务时，野心只存在于父母这一方，孩子丧失了选择的自由，学习的欲望也会枯竭。因此，父母应该追随孩子的喜好，而不要把自己的愿望强加给他们。让你的孩子尽情地去跳舞、玩拼图、种花、滑雪橇、打手球、滑雪……但记得让他们做那些满怀热情的事，并根据他们自己的兴趣进行调整。

孩子们会寻求父母的赞赏，当父母为他们所做的事情感到高兴时，孩子会非常高兴。但是，请确保你个人的热情不要失控，否则孩子的才能会被扼杀，原本令他们兴奋的事情也会失

♥

允许孩子尝试，如果他们成功了，表明孩子在这方面可以做得足够好。

幼儿园年龄儿童的学习特点

1. 少量的知识和娱乐性的游戏。学龄前儿童学到的知识很少能够持续记忆很长时间,但兴趣不容易退散。让这个年龄段的孩子做任何事情都不宜花太长时间。

2. 孩子通过尝试和犯错来进行学习。他们最好在一个值得信赖的成年人陪伴下熟悉新事物,这样孩子会感受到安全和友善。决定性的因素是孩子与你的关系,而不是知识的获取,没有良好的亲子关系就没办法进行良好的学习。

3. 尽可能请优秀的老师和教练来教育孩子。与家长比起来,孩子总是更愿意听老师的话。找一个愿意近距离观察并鼓励孩子的人,而不是训练和纠正他们行为的人。父母往往是自己孩子的坏老师,甚至自身是教育家的父母往往也是如此。请让别人去做这些事。

4. 重复至关重要。相同的模块、相同的任务、相同的动作、相同的转身,一遍又一遍重复,不要急躁,只需给孩子时间。多样性很美好,但只有反复的实践才能创造大师。

5. 让自己更友好宽容一点!将实践融入美好的经历中,使孩子感受到团聚和积极的氛围。父母过于严格或让孩子做过多的练习很容易扼杀孩子学习的欲望,然后你们双方都会感到痛苦,你们之间的情感纽带也会被破坏,这样的话孩子学习新事物的动力就枯竭了。

6. 要记得来日方长,5 岁的孩子不一定非要学到 20 岁的人的程度,定期的培训课程会有帮助,但对小孩子来说,兴趣才是最好的激励。

7. 追随孩子的兴趣!也许你的孩子会选择一些完全不同的事情,音乐爱好者的孩子不一定懂音乐,重度旅游发烧友的儿子也可能是一个俗称"沙发土豆"的宅男。

去吸引力。强迫孩子付出太多努力往往会导致他们放弃那些在最初尝试时感觉还不错的事情。

不幸的是,很多父母希望孩子在运动或乐器方面可以拥有特长,而这些往往是他们自己表现平庸的领域。他们寄希望于下一代,想要自己的孩子表现出更持久的兴趣和努力。但是这种行为往往只能达到相反的效果——破坏了孩子在某些方面发展的机会,而在这些方面他们原本也许是很有潜力的。

人们如何才会变得擅长某件事?

儿童具有巨大的发展潜力。但没有人愿意总去迎合别人,孩子也是如此,那样做不会令人感到开心。如果一个人想要拥有幸福的一生,就必须先变得独立,能够表达诸如"我想要什么"和"我不想要什么"。

孩子只有在准备就绪后才能学习某些知识。例如,在孩子发展出平衡感之前无法踢球。当然,你可以让孩子反复练习,但是他们仍然要等到四五岁时才能发展出平衡感。想要真正掌握足球的技能,孩子们还必须具有空间感和位置感,但是,这种能力需要在大约 10 岁才能出现。你可以先教孩子越位规则和姿势,但是对于 6 岁的孩子来说,这些其实没什么意义,因为他们的思想还不够成熟,无法领悟这些观点和思维方式。

有时,当我经过某个运动场,看到成年人试图向孩子灌输他们无法理解吸收的知识时,我感到很难过,这些激进的父母是孩子才华发展道路上最大的障碍。

大多数人在自己感兴趣的领域中只会拥有平均水平的技能,但依靠这些已经足以生活得很好。

少数在某个领域表现特别出色的人,通常拥有特别浓厚的兴趣,这使他们可以在此领域获得充分的发展。这可能是遗传的,也可能出于父母对孩子的激励,他们付出了非凡的支持,并鼓励孩子在自己感兴趣的道路上尽情挥洒汗水,孩子最终成功地获得了杰出的技能。

在这个年龄,应优先考虑非结构化的活动,并避免结构化。允许孩子用自己的方式做事情。孩子首先需要会玩耍,会欢笑。

要让孩子在各种实践和练习中得到成长,孩子年龄越大,这一点就越重要,要想使孩子获得某种成功,父母就必须给他们提供机会。与孩子一起玩球,或让他们尝试某种乐器——孩子喜欢尝试新事物,需要很多激励,但首先,他们必须达到学习该技能所需要的学习能力。

玩耍能给孩子带来很多自由的乐趣,这仍然是本阶段最重要的事情。因此,作为父母的我们(大多数是普通人)应该采用这条不成文的规则:应该特别留意孩子的兴趣和最爱做的事情,千万不要在孩子通往幸福、成功的人生道路上制造障碍。

也许这才是唯一的事实:即使在这些方面有很大兴趣,人们也无法成为足球运动员、小提琴家或数学家。

诚实地对待孩子

怎样成为更好的父母？我们听到过太多的"秘诀"，但是，那些简单的解决方案在现实生活中从来没有发挥过什么特别的作用。在混乱的日常生活中，在面对各种各样的需求时，在与孩子长时间的相处中，你不能一直照本宣科或机械地遵循名人演讲中的大道理。你说出的话，必须坚定且真实，必须符合你自己的风格。而且，在与孩子相处这件事上，你必须遵循自己的感受，倾听自己内心的声音。

我的育儿经验和方法可能会为你打开全新的观点和思路，但你必须从中选择出一些适合自身，且在你的日常生活中可以实现的方法来使用。只遵循一种方法是没有价值的，因为这样只会让你成为自己理想中的教育者，而不能为孩子提供他们真正需要的支持。孩子能感受到你的不自然，他们不喜欢被欺骗。

要靠近孩子，不需要只对孩子说让他们感觉舒服的话，不需要一切都顺着孩子，也不要表现得像个老师一样假装自己能提供所有的指导，孩子只需要你陪着他们。因此，你需要调整自己的方式去适应孩子，帮助他们减轻内心的愤怒。

找到适合孩子的那把钥匙，这一步至关重要，然后我们就可以开启第二步了。

与孩子一起阅读

2~3 岁

只阅读简短的篇章或语句。在孩子注意力不集中的时候停顿一下,要关注孩子的题外话,因为通常书会有很多场景,却没有相关的具体说明,你可以与孩子讨论一下那些文字没有提到的内容。也许你们刚刚一起阅读了一页,就已经延伸开来谈论幼儿园的经历,或者继续延伸到与书本不相关的内容上了。对于这个年龄段的孩子,图画书比其他阅读材料更受欢迎。

3~4 岁

充满幽默感的书在这一时期非常受欢迎,孩子们喜欢这些惊喜的时刻——在头顶点了颗痣的滑稽人物,翻页后突然出现的立体动物,在有趣的地方弹跳的一颗小球,等等,它们都是巨大的惊喜,并且能够激发孩子们的想象力。陪孩子一起欢笑,分享这些有趣的片段,这对于 3 岁的孩子来说非常珍贵。不要只是陪着孩子、为他们读书,还要与孩子一起为某个有趣的事情开怀大笑——这才是真正的分享,对于 3 岁的孩子来说,没有什么比这种共同的欢笑更好了。

4~5 岁

这个阶段，孩子希望听到完整的故事。他们喜欢把自己代入书中的角色，并沉浸在自己的世界中。这个年龄段的孩子还需要学习观察外界或别人的反应，并以自己的方式去探索如何解决书中人物遇到的特殊情况。这样可以激发孩子的想象力，使他在畅游书海的旅途中——无论是在热气球上、潜艇里，还是赛车中——发现极大的乐趣。

去看看别人如何应对生活中的挑战，这能帮助孩子更加适应自己的生活，学习各种各样的可能性，了解应对同一件事情有多种不同的解决方法。如此一来，孩子就可以跳出思维限制，进入一个更宽广的世界。

5~6 岁

这个年龄段的孩子开始逐步学着处理生活中一些有深度的事，会对另一种类型的书着迷：有关友谊、长途旅行、发现与探索、奇妙的世界、神秘的事件之类的书。6 岁的孩子已经不那么喜欢沉浸在想象的世界里了，他们更愿意去探索真实的世界和真正的生活。

描述事物工作原理的书籍、机器或者宇宙主题的书籍和关于恐龙的书籍都非常受欢迎。

Ⅱ

幼儿园阶段的重要话题

我一直觉得，如果天堂真的存在，那么我们最接近它的时候一定是 5 岁时，天堂的颜色对我们来说是最璀璨耀眼的，那里的昆虫比我们在任何地方见到的都更美丽，声音也是最美妙的。然后你抬头仰望天空，不知道与星空的距离有多远，也不知道宇宙飞船将如何返回地球。在这个年龄段，人们躺在草地上，看着蚂蚁在指尖爬过，并从灵魂深处扪心自问："我从哪里来？""我要到哪里去？"

我们都可以回想一下 5 岁时的自己。

成年人一定要记得，要时不时蹲下身去，与孩子的眼睛保持平视，倾听他们的声音。孩子的世界里有很多奇妙的事情，例如纯粹的好奇心、满溢的乐观精神，那里可以开启我们内在的魔力，就像有人将大舞台的幕布拉开一样：

——然后你会看到，你失去的一切都在那里。

这是成为父母最美好的事情之一：可以再次通过孩子的眼睛看世界。

生活的意义是什么？也许这才是真正的答案：在一起。也许只是手牵着手，一起度过每一天，一起感知周围的一切，并且是在5岁孩子视角的带领下。

在本书的这一部分中，我想介绍一下关于这个年龄段的一些常见的话题。结合我在整个职业生涯中的经历，涵盖社交媒体、营养和睡眠等方面的内容，并涉及如何度过幼儿园时光，当家庭破裂或兄弟姐妹之间发生纠纷时你可以怎样处理。

那些在幼儿园阶段会遇到的重要问题，我都尽力做出解答。希望能在这条育儿道路上为你提供一些好的建议。

幼儿园

　　也许你会牵着孩子的小手走进幼儿园。你给孩子穿好衣服，并不停地看手表，你可不想迟到。现在你有点紧张，不知道如何面对将孩子一个人留在幼儿园的事实，也很担心孩子能否在幼儿园待得习惯。孩子就此开启幼儿园时光，在接下来的日子里，你要每天帮孩子擦干眼泪，擦干净鼻涕，拥抱安抚孩子，换好衣服，接送幼儿园，等等。数周、数月、数年一眨眼过去了，直到有一天，孩子将在幼儿园度过最后一日，你像往常一样关上身后的门，然后把孩子送到幼儿园。

　　你很想问问自己，时间都去哪儿了。也许孩子上幼儿园的第一天还清晰地印在你的脑海里，就像昨天发生的事一样。你低头看着自己的孩子，并想着，他要离开这个地方了，现在小家伙已经变得完全不一样了。你还会记得，幼儿园的日子曾经占据了生活的很多空间，与各种教育工作人员打交道也成为你生活的一部分，还记得你打包的饭盒，父母之夜和幼儿园旅行。

> 那些照顾孩子的成年人将成为你生命中最重要的人。这一点对孩子很重要,你会知道,在与孩子分开的那些时间里,会有人继续关心他们的健康,并与孩子共度美好的时光。

幼儿园对于孩子来说意义非凡。在这几年里,在这个社会中,在我们共同生活的空间里,孩子拥有了一个属于自己的地方。

幼儿园应该是什么样的?

选择幼儿园时,最重要的标准是完善的设施,可以给予儿童安全和保障。从孩子的角度来说,应该有愉快的生活体验:与保育员在一起很开心,信任那里的教育工作者,在那里受到成年人的精心照料。

在一个良好的幼儿园里,工作人员会努力与每个孩子保持良好的关系,懂得如何与孩子交朋友并获得他们的信任,会始终在孩子身边,绝对不会丢下任何一个孩子,也不会让任何一个孩子独自待着。

但是,当你考察幼儿园时,应该重点关注什么呢?

我已经参观过许多幼儿园，并且每一次都是相同的印象：老师与孩子们共同度过一天的时光，与孩子们一起玩耍，时时刻刻跟随着孩子们，随时提供安慰，并帮助孩子解决冲突。此外，硬件及软件设施也很重要，比如室内外观是否卫生整洁且对孩子有吸引力，是否有多样化且有趣的游戏可供选择，等等。好的幼儿园里的噪声水平也较低——因为孩子们知道伤心时该找谁，在哪儿可以感到安全，他们因此哭得更少。

许多父母想知道他们的孩子在幼儿园里的实际表现如何。一些很平常的线索就可以为你提供信息：孩子能够在那里吃得好、玩得好、睡得好，这就足够了。想弄明白孩子在幼儿园里开不开心，有一个简单方法，就是观察孩子是否在玩耍时变得更加好斗和易怒，是否睡不好，没胃口，更容易发脾气。导致这些状况的原因可能有很多，这时父母就要扮演一下侦探的角色了，这些行为有时与幼儿园无关，而是家庭的紧张气氛让孩子感到了压力，也有可能因为孩子患上了中耳炎。

如果孩子在去幼儿园的路上不断大喊："我不想去上幼儿园！"这并不一定意味着在幼儿园有问题，可能只是因为孩子喜欢和你一起待在家里。很多时候孩子吵着不想去幼儿园，但到了那里后他们又会很快乐，你不必太担心。

以下小贴士可以帮助孩子更好地适应幼儿园生活

1. 确保无压力过渡

    这些问题通常出现在刚进入幼儿园的过渡时期，请尽量让孩子在往返幼儿园的过程中不要感到压力，尽量跟随孩子的节奏，如果孩子早上出发前需要很多时间准备，你就早起半小时。

2. 关注孩子的需要，满足孩子的愿望

    白天有外出活动时，便当盒里要放什么食物，孩子要穿哪件衣服？这些问题对我们来说可能不那么重要，但孩子要在幼儿园待上大半天，请尽量满足他们的需要，这样孩子才能在幼儿园里待得更舒服。

3. 对幼儿园的日常生活表现出兴趣

    与孩子讨论他们白天的日常活："郊游愉快吗？""玩了什么？""真的看到蜘蛛了吗？"让孩子知道，你关心他们的日常生活。

4. 赞赏幼儿园的教育工作者们

    幼儿园的教育工作者对孩子来说极为重要。他们中的大多数人都非常尽心，在地板上陪伴孩子，分享孩子的好奇心。如果孩子发现你喜欢幼儿园中的工作人员，并且很信任他们，这就在幼儿园和家庭之间架起了一座桥梁，让孩子更有安全感。

小心翼翼的孩子

即使是最善于交际的父母也可能拥有喜欢独处的孩子。我们总希望自己的孩子表现得最好，在幼儿园拥有朋友，在别人的陪伴下感到自在，但如果事与愿违，你应该如何帮助孩子进行改善？

有些孩子喜欢幼儿园中其他人的陪伴，甚至不想回家，他们总是愉快地奔向其他孩子都在玩的沙坑；另一些孩子喜欢独自玩耍，与别人相处会让他们感觉紧张，在聚会或其他娱乐活动中感到不自在。

我一个朋友的儿子乔恩非常讨厌生日派对，总是不愿意参加生日派对，即使去了也不与别的小孩玩。这让我的朋友感到不愉快，他要如何向朋友们解释自己的儿子无法正常参加普通的生日聚会这件事？

但是，当他们陪乔恩在家时，孩子非常快乐，他和父母一起读书，用积木搭建房子，在农场里玩耍……他只有在和父母及妹妹一块儿玩耍时才会感到舒服自在。在家一切都没问题，到别处就不行了。

父母的性格类型会对孩子产生很大影响。有些孩子只是性格更谨慎内向，对周围的环境更敏感，这并不一定会给孩子未来的生活带来什么困扰，敏感并不意味着孩子有什么问题，相反，这个世界甚至需要这样的人，无论他是孩子还是成年人。

我告诉那位朋友，乔恩一切都很好，他只是比较喜欢待在小型的群体里，这让他感到舒适。乔恩的父母听到我这样说，心情轻松多了。幼儿园的老师找了几个喜欢安静的孩子，并想办法给他们和乔恩创造一起玩耍的机会，还给予乔恩更多的关照，帮助他更好地熟悉幼儿园的人，引导他更信任幼儿园的工作者，从而给他提供更多安全感。没过多久，乔恩找到了一个喜欢和他待在一起的朋友。

对于儿童来说，在自己不确定的事情上总是收到强迫性的信息，那简直是在威胁他们的生命。如果一个敏感的孩子收到负面反馈，可能会产生抑制作用，使他很难听到自己内心的声音，也很难找到自己在这个社会中的位置。如果你有一个内向的孩子，就应该非常了解这一点，请好好关注下自己的孩子喜欢什么，在什么情况下会敞开心扉。这样的孩子不应该被孤立、被抛弃，任他们孤独地独自玩耍，他们必须学着在没有压力的情况下与其他人打交道，逐步减轻他们的戒备心理，创造更多与他人的联结。父母在这个过程中要始终注意维护孩子的安全感，这一点至关重要。

只有在安全感的基础上才能发展出友谊，永远都不要逼孩子交朋友。

除了安全感和鼓励之外，这类儿童有时还需要别人的帮助来克服交往障碍。如果一个胆小的 5 岁孩子不敢从滑梯上滑下来，请不要只是告诉他们这很有趣，"必须"尝试一下，而是要说"可以"尝试一下，让孩子自己判断是否迈出这一步，是否能接受这个小小的挑战。这样一来，孩子会知道自己还有别的出路，而不是被强行推入没有逃脱之路的黑暗中。要降低期望值，但要继续鼓励孩子尝试，为他们创造一个安全的环境，帮助他们减轻应对的压力。滑过一次后，询问孩子腹部是否有刺痛感，帮他们找到适合自己并可以避免不适的运动方式。你可以这样对孩子说："现在我们都不知道试试看会怎样，我觉得你没准会喜欢上它呢。可以尝试一下。"

一个谨慎的 5 岁孩子必须迈出克服恐惧的第一步，去发现这个原本以为十分可怕的事物居然可以带来很多乐趣，这样一来，他们的热情就会喷发而出，不可阻挡。

谨慎的孩子通常会在以后的生活中过得很稳定，毕竟规避不必要的风险也是一种积极的品质，但人们不能因此就忽视这个孩子。谨慎的孩子需要有机会去学习如何评估风险，如何以最好的状态去玩耍，如何鼓起勇气去做某件事。你不应该强迫孩子去做什么事情，而应该以一种轻松自然的步调和他们一起处理问题。

如果朋友的父母打来电话，说孩子不想待在朋友家过夜了，而想要回家，那就去接回孩子，要允许一个感到害怕的孩子回家，千万不要让他在别人家里忍受着找不到出路的绝望，这可能会在未来几年中对孩子产生负面的影响。

如果在某个时候谨慎的孩子发现了他们热衷的东西，就会全心全意地投入其中。

关于朋友，最重要的是什么？

友谊意味着能够与他人相处，拥有和自己相似的非成年人伙伴。朋友之间的交往包括彼此之间的交谈和分享，这能给孩子带来很美好的感受，觉得自己拥有一个亲密的小团体，无须成年人干预。友谊意味着平等，能够成为朋友的孩子往往势均力敌。孩子只有到了三四岁时才会明确表现出对玩伴的需求。孩子们经常选择与他们有共同点、可以一起进行某种活动、喜欢相同事物的朋友，这也意味着这个年龄段的许多孩子还没有对自己来说很特别的朋友，他们只是与周围的孩子们一起玩耍，一起做喜欢的事情。当然了，总有一部分孩子喜欢独自玩耍，不一定要和幼儿园的小朋友约着在家里玩。

许多父母总担心他们 5 岁的孩子没有好朋友。从多年的生活经验中，我们知道了友谊的重要性，总担心孩子会孤独。人们总会从幼儿园的照片上看到一群孩子在一起玩，另外有一个小男孩或小女孩待在群体之外，显得格格不入。孩子一开始不太善于交往并没有关系，你通常会在未来几年的幼儿园生活中看到他们发生很大变化，你要做的只有给孩子提供与别人一起玩的机会，帮助他们对其他人产生好奇心，了解孩子喜欢做什么，并且满足他们。

同时，你应该与自己的朋友保持联系，这样孩子就会了解友谊是珍贵的，是很受欢迎的，可以使人快乐，与他人保持亲密关系是积极的事。

即使友谊在孩子的这个年龄段可以成为一幅美丽的风景，你也应该清楚，那仍然是"功能性友谊"。孩子直到 10 岁左右才具备社交能力，可以欣赏并保持真正的友谊。

其他亲密的人际关系也很重要，尤其是与他们最亲密的家庭成员——你。

欺　凌

我们人类都对归属感的丧失感到恐惧。被排斥、嘲笑和虐待都是造成这种恐惧的原因。

当我们成为父母时，我们的这种恐惧感也会蔓延到我们孩子身上。如果其他人不喜欢他怎么办？如果她交不到女生朋友怎么办？自己曾亲身经历的孤独已经带来过伤害，如果孩子再遭受孤独，那简直令人难以忍受。

有些孩子比其他孩子更容易受到欺负。我自己就有这种被

<u>从孩子很小时起，就多和他们交谈。不要只谈论那些普通的事，询问孩子有没有发生什么特殊的状况。关注孩子在幼儿园里的经历，把它当作你与孩子的主要话题，谈话增强了情感纽带</u>，这对你们以后的生活很重要。

♥

孤立、被排斥的亲身经历。总有一些人会利用别人的弱点或自身的优势去欺负别人。

但是千万不要忘记，幼儿园年龄段的孩子还不成熟，有时候孩子彼此之间相处并没觉得有什么问题，但从成年人的角度来看，他们的互动已经出现了某些负面的影响。孩子需要在我们的大力帮助下学习社交互动，直到他们离开家为止。当他们还在幼儿园时，要确保他们不会养成负面的行为方式，不要随便给他们贴上"欺凌者"和"被欺凌者"的标签，大人的谴责只会令他们陷入困境，却无法帮助他们摆脱困境。

如果你与幼儿园工作人员或冲突方孩子的父母取得联系，以质疑的态度公开解决问题，那么请不要只是站在自己孩子的出发点，不经太多考虑就立即发起攻击。"这就是现在的情况，但我们一定能采取一些措施来好好解决这件事"比"我的孩子被欺负了"要好得多。也许你会认为，自己对孩子的保护欲是值得赞赏的，但如果你只是单方面地捍卫自己的孩子，那就用错了力量。

2~3岁的孩子无法从不同的角度看待事物，需要在接下来的几年中进一步学习，每个孩子学习的速度也不同，有些孩子需要更多的帮助才能不去欺负别的孩子或者被别的孩子欺负。如果年幼的孩子之间存在欺凌行为，那么我们成年人就需要为他们提供指导，那些遭受欺凌比较多的孩子，更需要我们的注意。成年人有责任为儿童的日常生活提供指导，为不同性格的儿童留出空间——无论是胆大的孩子还是胆小的孩子，无论是敏捷的孩子还是慢吞吞的孩子。

另外，儿童所遭受的欺凌也可能来自成年人，在这种情况下，孩子几乎完全任由其摆布。如果成年人不断地斥责孩子，打骂他们，总是偏爱其他孩子同时以消极的方式对待这个孩子，就可能会对这个孩子的心灵造成无法弥补的伤害。这个年龄段的孩子没有任何反击的机会，只能通过你的帮助来恢复内心的平衡。

父母应该如何应对欺凌行为？当你看到孩子成了群体之外的人时，可以做些什么来保护自己的孩子呢？请参考以下三个方面：

1. 你与孩子的情感联系可以最大限度地保护他们免受欺凌

防止欺凌的最佳方法是自下而上的情感联系，当孩子与最亲密的看护人拥有密切的联系时，就会对欺凌更有抵抗力，父母与孩子保持亲密的关系可以确保他们的安全。比起为了保护孩子而与学校或幼儿园发起争端，更有效的方式是通过与孩子建立并保持紧密的联结来保护他们。

2. 你作为榜样的力量

孩子将永远以你为榜样，并拥有超出你想象的能力。你如何谈论别人，如何对待别人，如何对问题做出反应，孩子都会看在眼里并吸收所有的内容。想要教育孩子不在背后讲别人的坏话，最好的办法就是你自己从来不这样做。作为父母应该经常审视自己，并明确自己要设定怎样的标准。

3. 意识到正在发生的事情

即使对于这个年龄的孩子来说还有难度，我们依然可以试着帮助孩子将他们彼此的情感、行为和思想联系起来。例如，你可以这样说："哦，现在伊娃已经没有人玩了。我们去找她吧，这样我们都会有更多的乐趣！"从简单的层面去形容这个事情，否则孩子会无法理解。如果从道德层面上说这个问题："伊娃没有人可以玩，这是不公平的，没有人应该被当成局外人，你也必须和她一起玩！"那么孩子就不会想要改善现状，因为儿童和成年人一样，在受到攻击时都会进入防御状态，这样说话显然没有任何帮助。可不要期望这个年龄段的孩子发展出道德感，幼儿园的孩子们还不能够理解被排斥在外的后果,也无法应对遭受欺凌的危险。相反,最好以简单、平静的方式帮助孩子了解正在发生的事情,并解决问题。

降低你的压力值

你在孩子 2~6 岁期间总处于忙碌状态，得不到什么喘息的机会。接送孩子去幼儿园、超市采购、买衣服、送孩子去培训班……父母不得不将自己专职工作的角色排在这些的后面。作为父母，你很容易就会产生失败感，时间总是很紧张，尤其是孩子放学回家到就寝之间，会充斥着各种各样的事务。

长时间承受巨大压力会影响我们的思考能力，我们的体能也将被耗尽，只能通过一点点最后的能量来勉强支撑。与做好所有必须做的事情相比，对抗压力更重要。减轻压力的最佳方法因人而异，但是每个人都应该明白：放弃一些事情并没有那么糟糕，今天没有完成的事可以明天再完成，这样你也不是坏父母。永远不要忘记：对于孩子来说，父母的关注和爱护比井井有条的家庭环境更为重要。

一些提示：

1. 你无法将所有事情都完美地做好。设定优先级，与所有家庭成员进行协调，互相支持，并找到可以满足家庭中每个成员需求的平衡点。
2. 确保自己有足够的时间待在家里，不要让家变成担负生活责任的压力的中转站。要知道，花时间在一起并不意味着每天都要去什么地方玩，可以计划一些其他的可行项目，然后全家人一起做。
3. 准时上床睡觉。不仅孩子需要足够的睡眠，我们的大脑也需要充足的睡眠才能保证工作质量，把睡觉放在优先位置上。
4. 多笑笑，是缓解紧张情绪最快的方法。
5. 坚持自己的每日例行任务，坚持那些被证明了每天都应该做的事情。比如固定的早晚冥想也可以减轻压力，并使孩子们放松身心。

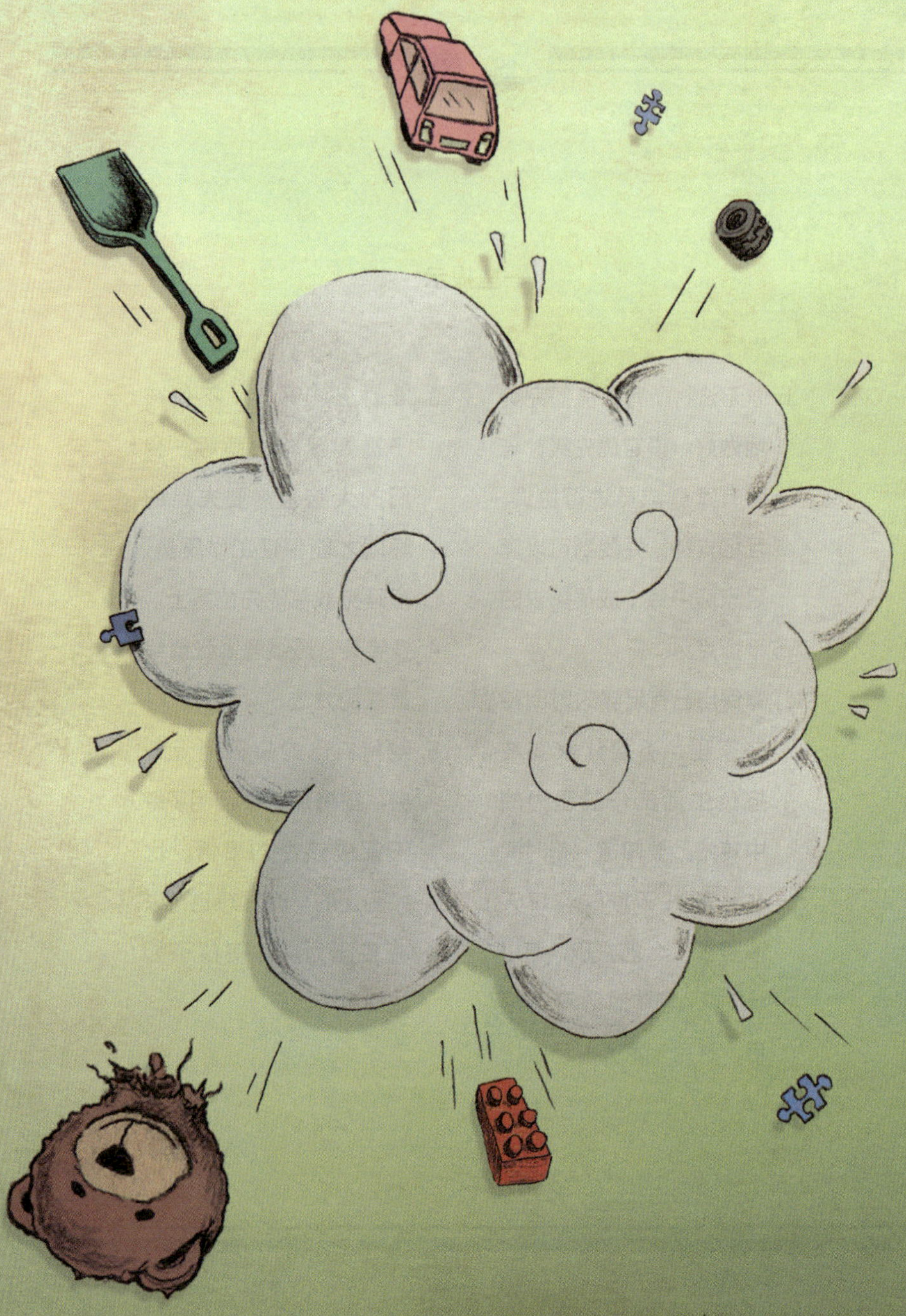

兄弟姐妹间的纠纷

我以前的邻居家里，在走廊的梳妆台上有一个相框，上面是孩子们的黑白照片合影，年龄相近的兄弟们坐在篱笆前，手牵着手，心满意足地咧着嘴笑。这张照片是理想中童年的样子——家庭里快乐的孩子们，彼此相爱，一起享受美好生活，和谐相处。照片唤醒了旧时光中那些夏日的回忆，让人很想再去经历一遍。"这张照片真是神奇，"如果有访客在照片前驻足，那家的父亲总会这么说，"那是他们童年中唯一一个没有吵架的时刻，只持续了十分钟。"

父母总希望与孩子在一起的时光里没有冲突。我们心目中总有一个清晰的对幸福的家庭的想法，那就是所有家庭成员之间轻松、和谐、团结地相处。但是，如果一个家庭里有兄弟姐妹，就必然会发生争执，而且如果孩子之间的年龄差异大于3岁，争执将更加激烈。当孩子们吵得不可开交时，父母往往感到无助，但实际上，孩子们需要这些冲突。

彼此之间的摩擦是童年最重要的经历之一，是塑造孩子个性不可缺少的步骤，他们必须与兄弟姐妹吵架，他们也需要与你争吵。他们需要通过提出相反的意见来互相了解对方，并最终达成共识。孩子们需要练习谈判，学着找到自己的位置和空间，明确自己的意愿并表达出来，通过口头表达来练习与周围人的交流。简而言之，冲突是绝对必要的。

通过冲突，孩子们可以了解自己是谁、自己将来要成为什么样的人。

争吵也重要

米娅打电话给我时，我能感觉出她的疲惫。她有两个儿子，分别为5岁和7岁。他们在独自一人的时候都是非常可爱、有趣、专注的孩子，然而，只要两个人在一起，就像引爆了炸药一样争吵不断，整个家庭的气氛都变得很紧张。父母二人时刻保持警惕，准备随时介入兄弟两个的战争中去。"最糟糕的是，我主动让孩子们彼此靠近，因为我认为他们在未来的大多数时间里总是要待在一起的。"米娅说，"我一直在引导他们，要互相帮助，成为一个团队。这就是结果！我做错什么了？"米娅本人是独生女，她希望自己的孩子不要经历自己小时候的孤独。在她小时候，其他孩子都有同伴一起玩，而她总是独自一人陪在父母身边，她最喜欢躲在报纸后面。所以她觉得一定要有两

> 与他人生活在一起意味着空间的共享。在这个共享的过程中，需要很多的协商来确定空间和个人界限的划分以及每个人需要承担的责任。孩子们要学着在争吵的过程中达成协商。你要帮助他们解决冲突，让他们从你的经验中获得最大的收益。

个孩子，可现在她觉得自己好像失败了。

儿童争吵的频率取决于他们的性格，也取决于家里成年人是否经常用争吵解决问题。孩子们通常会为两件事争吵：争东西，比较身体及精神上的优越感。这是对孩子来说很重要的两个领域，他们需要在这个过程中进行尝试和比较，并确定谁有优势。如果成年人干预并为他们解决问题，就需要更长的时间才能让冲突结束，我的经验就是这样。

许多来找我咨询这一问题的父母都对这种冲突深恶痛绝，并一直试图避免孩子间的冲突。他们扼杀孩子之间每一个爆发的苗头，努力经营家庭和谐。但不幸的是，他们这样的做法并不能真正解决家里所有兄弟姐妹的问题："我在家庭中的位置是什么，长处和短处分别是什么？我的界限在哪里？"哥哥打了妹妹，妹妹作为还击踢了哥哥，然后两个孩子都不停地来找父母，希望父母能帮他们解决问题。但是总有一天孩子们会长大，要自己去上学，逐渐成长为青少年，不能总依靠父母去解决争端，那样的话孩子会永远停留在 5 岁长不大。这些争端是孩子变独立的关键所在：兄弟姐妹们必须学会自己处理问题，摆脱困境，这个过程使两人之间交往的界限变得清晰，并使他们在与对方相处时更有安全感、确定感。

有时，当家庭内部关系失衡时，某些未解决的家庭问题也可能引发冲突，例如生病，或者一个孩子比另一个孩子更受偏爱，或者在家庭处于某些比较混乱的状态下孩子的需求没能得到满足。若一个家里的成年人在自己的世界中迷失了自我，感到孤独的孩子就更容易彼此发生争吵。

一旦出现家庭失衡，就有必要重新规划家庭角色分工，孩子需要与那个很少陪伴他们的家长拥有更多独处时间，孩子觉得自己被重视了，就不会再以其他方式来引起大人注意。如果家庭中的孩子年龄在 2~6 岁之间，通常父亲会与年长的孩子相处得多一些，母亲与小的孩子相处多一些。这种劳动分工对许多人来说都很好，但改变这一点也不会有什么坏处：如果父亲推婴儿车，母亲陪着大一点的孩子，那么弟弟妹妹就不会被哥哥姐姐们视为威胁。人们通常多少有点偷懒，只喜欢与更了解的，或者和自己更相近的孩子保持更多的联结和接触，但孩子们必须与父母双方都保持舒适的相处，这样才能够使他们感到足够的安全。

如果一个家庭中有 3 岁以下的小孩，要注意确保大孩子不伤害小孩子。兄弟姐妹之间的嫉妒会使年长的孩子控制不住自己的情绪，且孩子通常难以评估自己的力量，也不了解殴打的后果。如果较小的孩子还没有足够的抵抗力，那么很有可能发生危险的情况。

如果孩子们的年龄都大于 3 岁，则大多数父母都能够更好地处理孩子之间的冲突。用眼睛多观察孩子们的相处情况，你会发现所有的冲突并不都是因为孩子当中有一个绝对的主宰者，而是因为他们确实遇到了某个问题，这才相互争执。争吵不意味着某个孩子本身有问题。

如果你为此感到困惑，就不要管他们了，尝试做自己的事情，你只需要做好准备：随时会有伤心的孩子来找你寻求安慰。

吵架意味着亲密

许多父母在听到我说兄弟姐妹们应该自己解决纠纷时感到惊讶。但事情就是这么奇怪，冲突是兄弟姐妹之间保持亲密关系的先决条件，他们会从彼此之间的冲突中认识对方。爱是从接触中成长出来的，接触就有可能产生冲突。那些小时候吵吵闹闹的兄弟姐妹长大后往往保持着亲密的关系，因为他们对彼此更加了解。孩子们如果无法找到解决冲突的办法，就无法建立真正的亲密关系。孩子们需要机会去了解谁是他们中最强壮的，谁是画画最好的，谁是最会踢足球的，谁会在今天吃饭时得到紫色的盘子。

父母们必须忍受纠纷，但要确保家庭生活中也有美好的时光。

真正的兄弟姐妹之爱来自一起玩耍。这会帮助他们彼此了解，建立亲密关系。

当争吵产生时，要向孩子们表明这不是一件糟糕的事，等事情过去后还可以重新好好相处。顺便说一句，这不仅适用于儿童之间的争吵，也同样适用于成年人之间的争吵，孩子会将你当作榜样。每当孩子看到你解决了冲突，或者发现你和伴侣已经和解时，就会学习到你的解决方法。

这就是生命给予的礼物。

权力关系

幼儿园的孩子没有吵架的经验，当他们感觉自己无能为力时，会更多地使用咬人或打人的方式来解决问题。一对父母最近向我寻求建议，3岁的小儿子咬了比自己大2岁的姐姐，因为姐姐在家里什么都想自己说了算，两个孩子之间总是争吵打闹。我问这对父母平常遇到这样的情况会怎样处理，他们说会进行干涉，告诉小男孩打人是不对的。这听起来似乎正确，但很容易激化矛盾，让弟弟感觉父母总是站在姐姐那边。5岁的孩子通常比 3 岁的孩子更会讲话，更善于辩解，弟弟在无法用语言争论和解释时就会感到生气，最终忍不住让拳头说话，这样的结果毫不意外。

　　弟弟需要他人的帮助来表达自己的意见，但也必须明白姐姐比自己强。如果父母仅解决事件链条中的一个环节，那么兄弟姐妹将永远无法在彼此之间建立起健康的力量平衡。弟弟认为姐姐总得到支持是不公平的，在这种情况下，咬人和打人的行为肯定会再次发生。我建议父母不要太明确地站在某一方，要安慰需要帮助的孩子，让他们平静下来并找出答案。陪着孩子们一起了解到底发生了什么，为他们提供相应的帮助。"但是我们不能放任他成为暴力的人啊？"母亲惊讶地问道。我回答说，动手打人的孩子还没有学会如何正确地解决冲突，父母要帮助 3 岁的孩子提高语言能力，强化他们对事情的理解力，还需要对孩子经历的各种状况保持敏感。我说："我敢保证，这比禁止他打人要好。"一个月后，孩子的妈妈给我写了一封电子邮件，说我提供的方法起作用了，她感到非常惊讶。他们还与儿子一起读了一本有关兄弟姐妹之间冲突的书，这也对他们大有助益。现在姐弟两个正在一起愉快地玩耍，当姐姐给出指示并制定规则时，弟弟也会提出自己的想法。弟弟越来越适合当姐姐的小玩伴了，在他们建立起彼此之间的力量平衡之后，冲突就减少了。

处理兄弟姐妹之间纠纷的几条准则

· 当孩子长大一些,并有能力捍卫自己时,父母应尽量退出,在出现分歧时不要以调解员的身份介入。

· 引导孩子去解决问题,但不要为他们解决。这样说:"这是怎么回事?你们两个都想要这个网球吗?你们想要如何解决这个问题?"而不是提出确定的解决方案。

· 如果孩子吵架后需要安慰,请给他们安慰。不要责怪他们,也不要说与兄弟姐妹吵架是错误的。

· 不要只站在一边。年龄小的并不一定就没有错,年龄大的也不能一直承担引发争吵的责任。在争吵发生之前,可能发生了很多你不知道的事情。

· 如果孩子之间的力量失去了平衡,总是一个孩子对另一个孩子不好,这时你需要说出来并进行干预,孩子不应将东西乱扔到对方头上,这样可能会伤到或弄疼对方。

· 留意作为成年人的自己是如何解决冲突的,反思自己与孩子的交谈方式,看看能不能找出什么问题。

· 确保有足够的自由空间让孩子们彼此分享美好的经历。比如,可以一起做什么,有什么可以互相补充的。

· 偶尔与每个孩子都拥有一些独处的时间,以减少嫉妒。每个孩子都需要感受到:自己对父母来说是独一无二的,如果他们能得到这样的对待,争论就会减少。

不惜一切代价实现和谐

一些父母告诉我,他们的家庭里从来没有争吵。他们常常以一种自豪的态度来表达这一点,我却觉得这实在令人担忧,没有冲突的童年是不完整的。

当然,有些孩子生来就害羞胆小,他们需要在大人的帮助下才能说出自己想要表达的东西,需要学习如何争取自己的空间。在将来的某个时刻,孩子们也会结婚,有自己的生活伙伴,他们在那之前一定要学会既能够与伙伴一起做对方想做的事,也能够贯彻自己的想法。如果总在家中避免发生冲突,就会逐渐偏离真实的生活。生活中一定会有冲突,但如果总是同一个人有话语权,同一个人做决定,肯定是因为对方不敢或不想掌握主动权。

因此,请把争吵当作培养孩子独立性的一种方法,帮助孩子在与其他人相处时了解自己想要什么,清楚自己的感受,知道自己是谁,自己的位置在哪里,这些都非常重要,孩子需要努力学习。

他仍然咬人打人!

当孩子慢慢长大,他们中的大多数都会找到解决问题的其他方法,而不只是打人和咬人。他们逐渐掌握语言能力后,就可以发表自己的意见,也能够倾听别人的话。但总有一些孩子没办法掌握这种恰当的沟通方式——当他们被愤怒淹没时,还是倾向于采取暴力的解决方式,这有时会让父母感到绝望:"我怎么会有这样的孩子啊?"而那些在操场或幼儿园里被打的孩子,他们的父母对你的孩子也不会有什么好态度。但是,即便你的小孩欺负了别人,也不能那么快地给你盖上"坏父母"的印章,完全没有理由做出这样的判断。对于一个打了人或者咬了人的孩子,不能说他的父母是"好"还是"坏",只能说这个孩子尚未找到更好的方法来应对自己所面临的挑战和冲突。

如果你的孩子用这种方式表达愤怒,你应该找出他这样做的原因:孩子的愤怒来自何处?是由什么状况引发的?他是否面临了某种挫败感?查明了原因后,当你看到某些类似的事情即将要发生时,就可以快速帮助孩子走出困局,帮助他们冷静下来。同时,你应该继续致力于帮孩子提高口头表达能力,一起读书、做事,多和孩子聊天。儿童与成年人在一起时,会把成年人当作学习的榜样,并将学到的交往方式运用到他们与其他孩子的相处当中。父母责骂孩子是很容易的,但孩子现在需要完全不同的东西——你的爱和关注。

任何孩子都可能陷入情绪的恶性循环,向他人发泄愤怒,然后又导致更大的愤怒和沮丧。当我的大儿子快 3 岁时,有一次,幼儿园的一名幼教老师把我叫到一边,告诉我他会咬别的小孩。他以前从未做过这样的事情,在我的印象里他一直是个温柔可爱的男孩，所以我在与幼教老师针对这个坏行为进行谈话时，感到特别不舒服。

到底是怎么回事？我错过了什么？他想通过这种行为表达什么？当我反思这段时间以来的生活状态时，我注意到，他的生活发生了很多变化：我自己被困在忙碌的日常生活中，又怀孕了，工作也很繁忙。与此同时，幼儿园里那几个他最信赖的老师都辞职了，而我的儿子（以前从未制造过麻烦）还没能在幼儿园里遇到新的可信赖的老师。家里马上就要增加一个新成员，这给家里的每一个人都带来了一些压力，我们必须在小孩出生前做好所有的准备，我也没办法花太多时间陪伴他……突然间，诸多原因涌入我的脑海，这触动了我，原来我的儿子受到这么多忽略。

我再次向幼儿园的老师求助，我告诉他们，儿子需要一个他信任的老师来重新构建安全感，我在家里也会花更多时间来陪他。咬人的阶段很快过去了，儿子又恢复到愉快又满足的状态，重新喜欢上了幼儿园，晚上也睡得更好了。

就我自己的例子而言，出了什么问题很容易就查明了，但有时要弄清儿童攻击行为背后的原因并不是那么容易。成年人有义务去查明背后的原因，并帮助孩子解决他们的问题。

如果你的孩子被其他的孩子欺负，请不要立即评判那个孩子及其父母，尝试表现出更多的理解，在事情的背后可能会有更多你没想到的原因。

当家庭里即将迎来一个新的小生命时

你们的家庭即将迎来一个新的小生命，9个月是很长的时间，尤其对于小孩来说更是如此。父母总是倾向于在相对较晚的时候告诉家里孩子这件事，但这是你家庭生活中的重大事件，对于所有家庭成员都很重要，这就是一个家庭的意义所在，不要将孩子排除在外。当你打算将怀孕的事告诉其他人时，你应当首先告诉你的孩子。

孩子可能不会为迎接弟弟或妹妹的到来做多少事情，但他们仍然可以看到、感受到，尤其当母亲的腹部越来越大时，怀孕变得可见并且可以被"感觉"到。你可以在这之前与孩子一起阅读有关该主题的书籍。

不要期望能与孩子持续谈论有关小婴儿的事情，此时此刻生活还没有太大的变化，对于幼儿园阶段的孩子来说，知道母亲怀孕这件事只能带来短暂的新鲜感，一周几次、一次40秒的对话比较适合他们，既不超出他们的理解能力，也足够满足他们的好奇心。

无论你多么期待即将到来的孩子，这总是会影响家庭平衡的，多一个孩子意味着家务的翻倍，小婴儿的到来意味着你们要进入一个全新的家庭状态。

你们将成为什么样的家庭，取决于成年人和小家庭成员的特点。对于某些家庭来说，多一个孩子会产生很大改变，需要花费很多精力来重新建立平衡；而对于另一些家庭来说，从第一天开始带来的就是纯粹的幸福。弟弟或妹妹出生后，年长一点的兄弟姐妹还要继续自己的各项日常活动，仍然需要其中一位成年人的关注及照顾，并为他们提供可以单独相处的时间。新生儿并不会从一开始就被你们的小家庭成员愉快地接受，在他们出生后的第一年，不要期望大一点的孩子会为他们的存在有太多的喜悦和感动。随着幼小的孩子逐渐长大，身体控制能力和语言能力都增强以后，就可以成为其他孩子的玩伴，兄弟姐妹之间的爱会逐渐增加。

但是第一场纠纷也将很快出现——当然，这会使孩子们之间的关系更加紧密。

关于时间感

小孩子还没有时间感,他们还无法像成年人一样安排时间,还无法表达"下周"这样的概念,甚至没有"明天"的概念。因此对孩子说"你可以吃酸奶,但要等到明天"是没有意义的,孩子们活在当下。只有等到他们的大脑中关于时间概念的区域发育成熟时,才会对时间有所了解。"两个月内"或"上周"这样的表达方式,要等到孩子七八岁时才能理解。

出于这个原因,当遇到以下状况就不应该感到意外了:有人拿走小孩子的一个玩具,告诉他以后会归还,但孩子无法理解,觉得永远失去了玩具,甚至有时候小孩子会觉得父母不在了,因为他们已经很久没在家,也没有人谈起了。那些没有摆在他们面前的东西,就是与他们无关的。

大多数孩子通过重复做某件事情来发展对时间的理解力,你可以说"明天,当你再次醒来,外面天亮了,妈妈就会回来"这样的句子,它比"妈妈明天会回来"更容易被孩子理解。孩子的时间概念必须与他们已经知道的东西关联起来。对他们来说,"在天冷下雪时我们就开车去"比"几个月后"这样的说法更容易理解。

父母很容易高估自己的孩子并过于信任他们,但我们应该不断提醒自己,要使用孩子生活中与时间有关的事实来进行语言表达,而不要使用他们尚不了解的"时钟"或"日历"类的时间名词。

关于纸尿裤

如果你的孩子不再需要纸尿裤,他们将感到无与伦比的舒爽,迈出的每一步都充满自信、自豪和喜悦。

在此之前,你必须为此付出很多劳动,来保持孩子屁股的干燥,作为父母,你对此有所担忧也没有错。我认为过去的育儿方法对孩子来说更方便一些。如今,我们拥有吸水能力超强的纸尿裤,这比以前更方便,但仍然会出现意外状况,比如,孩子已经发送了要大小便的信号,但偏偏这时你没有携带更多纸尿裤。有时孩子会抱怨戴着纸尿裤不舒服,如果是比较大的孩子,那这很可能代表着他们自己上厕所的热情增加了,不过孩子出现这种反应的时间差异很大。什么时候可以脱离纸尿裤与年龄的关系不大,与孩子的成熟程度关系比较大。对于女孩来说,通常在2岁时就想要脱离纸尿裤了;而对于男孩来说,可能要迟上6个月;还有很大一部分孩子属于对纸尿裤高度依赖的群体,对他们的家长来说,还要再晚一年孩子才会告别纸尿裤。许多孩子在晚上仍然需要纸尿裤。这些都再次表明这件事的决定因素并非孩子的年龄,而是其在各个阶段的发育程度。

我通常建议在夏季为孩子戒纸尿裤。如果在冬天,孩子碰巧发生"意外"时,让大人们手忙脚乱帮他脱下雪地服和厚长裤是非常不切实际的。

大人要学习识别孩子们即将告别纸尿裤的信号。有些孩子在戒纸尿裤的时期更容易控制排泄，有些孩子则反而更困难。即使孩子到很晚才能彻底告别纸尿裤，对他们以后的生活也不会产生任何影响。在公寓内清晰可见的地方放置便盆，给孩子讲一些自己独立大小便的事情，定期询问孩子是否要用便盆或去厕所，但做这些事情的时候不要给他们施加压力。孩子能坐到便盆上便是一个良好的开端，也许你可以在这期间给他读一本书。在孩子成功把大小便拉进便器后，你可以热情地拍手表示鼓励，如果他没能做到，你则可以说："好吧，下次肯定可以的！"还要随时准备好给孩子换洗衣服。如果你自己可以积极地对待这个事情，那么断纸尿裤的过程将会短得多；如果愤怒地做出反应或不耐烦，那么你很可能还得再等待一个月。我还记得我最小的儿子不想再用纸尿裤，而想要直接穿新的内裤的那段时光，尽管为时过早，我还是屈服了。在他想要小便时，我们急匆匆地下楼，这时他突然停了下来，小便从裤子里撒出，流得满楼梯都是，我做出了很生气的反应。即使这件事已经过去超过十年，我今天回想起来仍然感到遗憾。这是我们不甚美好的时光之一……

　　脱离纸尿裤是一个过程，你应该提供积极的支持。如果戒纸尿裤过早，那么这个过程可能会持续很长时间，孩子可能会感到尴尬，并希望延迟戒掉纸尿裤的时间。最好等待孩子真正做好了准备，再耐心镇定地陪孩子开启这一过程。终有一天，他们会为脱下纸尿裤，能够自由地走动而感到非常骄傲。

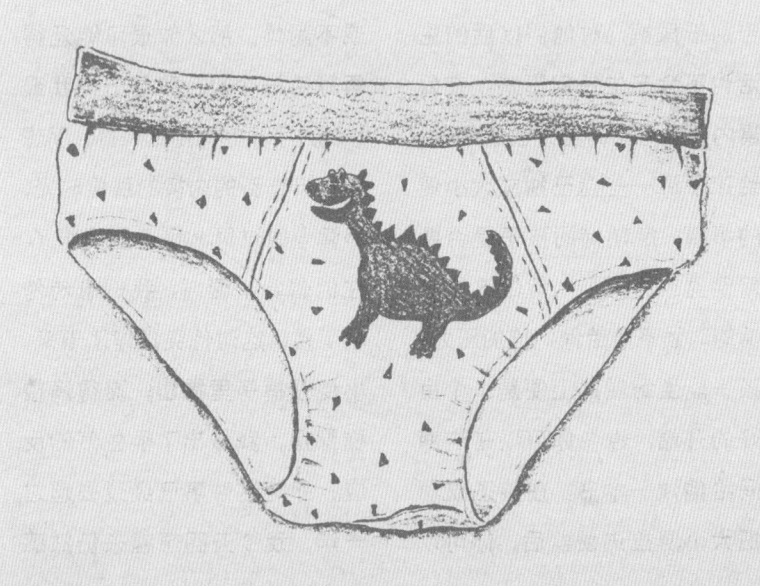

一些有用的小提示

1. 有一个放置在显眼位置的儿童小马桶。
2. 与孩子一起阅读并讨论上厕所的书籍。
3. 识别孩子"必须去"大小便的迹象,及时建议他们去洗手间。
4. 孩子在这个阶段喜欢在你去洗手间时一起过去。(然后你不得不忍受孩子热情地跑进客厅,告诉大家:"爸爸在大便!"的尴尬。)
5. 不要责骂孩子,尽量保证不让孩子感到尴尬。用一种有趣的方式处理问题,比如称赞孩子"成功了"。
6. 鼓励孩子,承诺他们脱离纸尿裤后奖励一些好东西,从而激发他们的动力。比如给他们摆出新的漂亮的平角短裤或类似的东西,告诉孩子,戒掉纸尿裤之后可以穿它们。

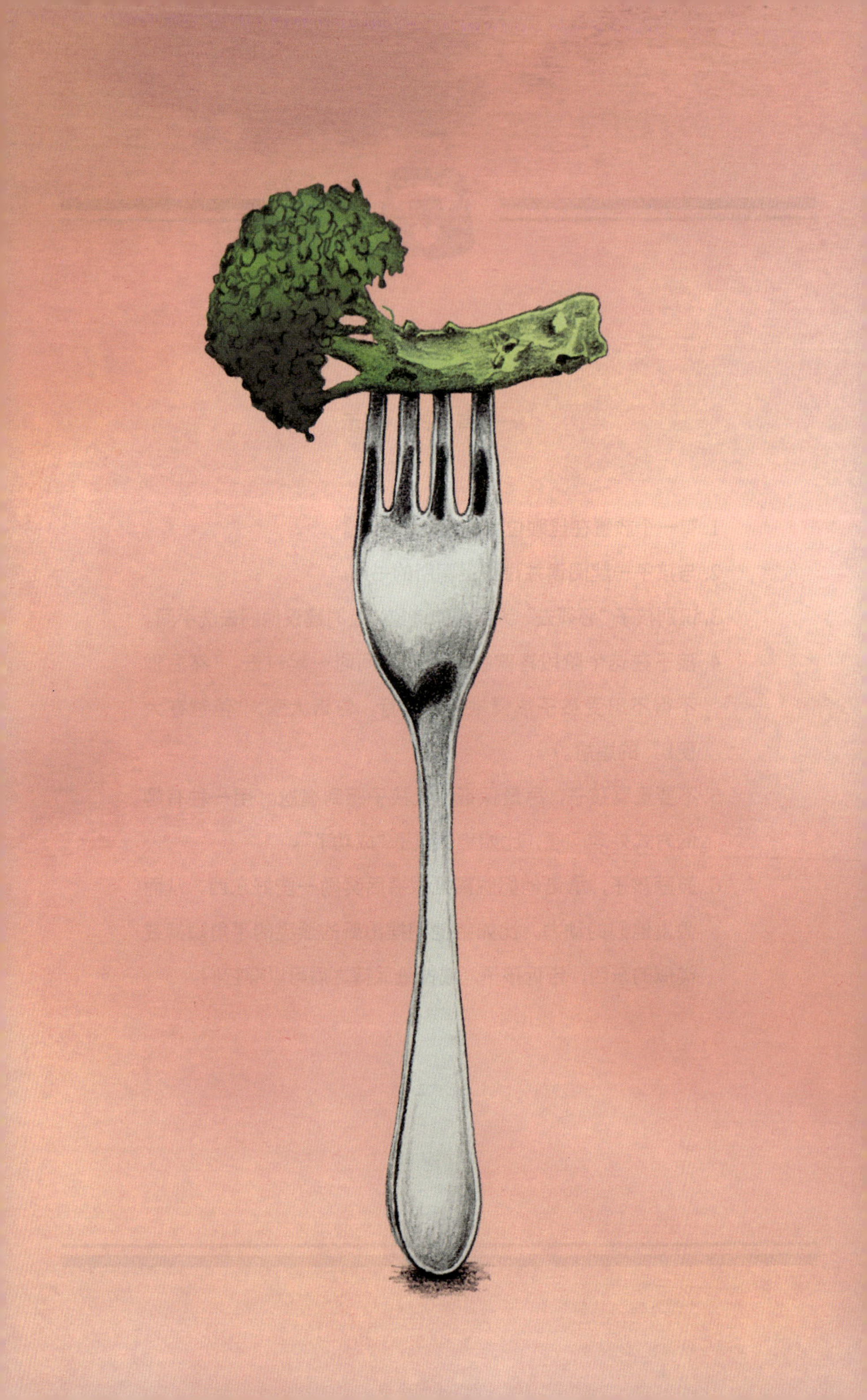

饮食营养

像其他父母一样,我也经历过这样的事:3岁的孩子突然高兴地宣布他再也不吃蔬菜了。"蔬菜太难吃了!"他大喊,并吐出我们偷偷在他的香肠三明治中夹着的蔬菜沙拉。儿童的饮食习惯会有不同的阶段,因此当孩子在某个时间段不肯吃西蓝花或胡萝卜时,不应该干涉太多。只要成年人一直继续吃蔬菜,孩子早晚会对它们感到好奇并想要尝试。在这个阶段你不必太过紧张,可以尝试着引导孩子吃蔬菜,但不要强迫他们吃,这只会使情况变得更糟。最迟20岁的时候,孩子们就会去吃那些从童年起就被家长教导应该吃的食物,在此之前,你需要鼓励孩子去尝试一下那些蔬菜,或者像我一样在意大利面酱中加入切碎的蔬菜。

饮食、体重和孩子对食物的态度,都是成年人需要关注和引导的事情,每个家庭都有自己的饮食文化,父母应该确保孩子能够在正确的时间吃正确的、足够的食物。

饮食习惯

正是在这个年龄，孩子会建立起影响他们一生的对饮食的态度。如果父母本身在"营养"这个问题上表现得不好，你们就将度过一个难熬的时期。那些不良习惯，例如挑食、暴饮暴食、不健康的饮食、对食物的过度热爱等，都不应传染给孩子。

你自身是如何养成了不健康饮食习惯或饮食方式的？答案可以参考我在第三步中提到的有关固定行为模式的内容。为了孩子着想，请将你自身的不良习惯和固定反应模式抛在脑后，养成健康的饮食习惯，这也将使你受益。

挑食的孩子

当孩子2岁时，他们已经经历了一个快速成长的阶段，之后成长速度有所放缓，这也意味着他们会比以前吃得少，并且开始挑食。在这个年龄段，孩子的味蕾开始发展，能够尝到食物更浓的味道，他们开始对某些味道感到反感，这就是某类菜肴不再受孩子欢迎的原因。

但强迫孩子吃饭是没有用的，那样太过粗暴，无法让孩子感受吃饭为生活带来乐趣。一些父母对孩子说："盘子里的所有东西都必须吃一些，这是我们的规矩。"这可能在某些家庭起作用，但也可能迅速令孩子感到压力，其结果是，孩子对成年人

> 让孩子习惯某种新口味需要花费一些时间,给孩子提供不同的菜肴,让他们尝试,但不要强迫他们进食。强迫进食不仅会破坏孩子对你的信任,还会破坏进餐的快乐。

的这种强迫感到不适,会厌恶吃蔬菜或鱼。所有的孩子都会在这个年龄段对食物更挑剔,有些孩子的挑食程度会比另一些孩子更深。但你应该确保孩子的营养,在他们面前放一些好吃的,提供不同的菜肴,尝试多做孩子喜欢的食物。

孩子进餐的特点在很大程度上取决于他们的状态,尤其是成长的状态。作为家长,尽可能自己好好进餐,给孩子做个好榜样。避免在餐前吃甜食,每周煮几次孩子喜欢吃的菜。如果孩子在饭菜摆上餐桌前就饿了,那么当食物准备好时反而会被孩子拒绝,过于饥饿与过于劳累一样,会使人们无法再做自己急需要做的事。

定时进餐,在餐桌上营造良好的氛围,这对健康的饮食习惯的养成至关重要。一起围坐在餐桌旁吃饭会使家人们更加和谐,成为一个更加紧密的小集体。当一个孩子不喜欢吃东西时,你会觉得束手无策吗?你应该鼓励孩子将食物与美丽的东西联系起来,丧失信心可不好。

不要对挑食的孩子丧失信心，只有耐心才会得到回报。

不懂得适度进食的孩子

大多数孩子饥饿时就吃饭，感到饱时就停下来，但也有些孩子在饱了以后仍然想吃东西，尤其是蛋糕、冰激凌或糖果这类食物，而且有些孩子只想吃甜食，不愿意吃其他东西。如果你的孩子也这样，你就应该合理地控制孩子的食量，不要任由他们吃太多甜食。

你还应该减少家中甜点和糖果的库存，这是让孩子少吃甜点的唯一方法，但也不要太严格，否则迟早会使事情发生逆转：你的孩子会因为被控制得太严格而变得更贪婪，一旦他们在别处得到这类在家吃不到的食物，就会吃得更多。

也许你只想用最简单直接的方法：告诉孩子家中没有甜食。但实际上，正确地食用甜食也是合理膳食的一部分，孩子们应该学习吃甜食的正确方法，将甜食看作美好的东西，而不是令人害怕的"危险的糖"。

抗议进食

儿童能用食物来表达抗议的事情很少，如果你的孩子拒绝进食，其理由通常与食物本身无关。父母应再次扮演起调查员的角色:观察一下孩子在家中是否感到舒适。我多次指出过这一点,解决方案总是观察孩子的状况。如果孩子拒绝某种事物,你就需要与他们进行对话,惩罚或威胁都不是有效的策略。

不要像个婴儿那样!

任何事情都可能引发小孩子的绝望:孩子哭了,只是因为不知道某块拼图应该放哪儿,或因为食物在蘸芥末酱之前先蘸了番茄酱,或因为洗手时身上被弄湿了。他们可能只因为将一个空瓶子落在了操场上,就一直哭,甚至没办法好好睡觉。父母很容易就会被这些非理性的行为激怒,并认为孩子不应该表现得像个不懂事的婴儿一样。但是孩子的确还很小,你应该时刻提醒自己这一点。

对孩子说:"你已经是个大姑娘了,不要再哭了,不要表现得像个婴儿一样!"这样是无法达到父母希望的目的,因为这时你告诉孩子的唯一信息就是他们错了,哭是愚蠢和幼稚的。孩子只会从你的话中听出来,你对他们既不了解也不关心,只是把问题留给他们自己处理,这让孩子感到孤独。

如果有人让我们觉得自己是愚蠢的,那我们就再也不会信任这个人了,无论是成年人还是儿童都是如此。

我非常明白,当孩子总因为这些"琐事"而哭闹的时候大人会有多累,但大人眼中的小事对于孩子来说却都是大事。

孩子的哭泣在你的眼中显然是"无缘无故"的,但从孩子的立场来看,他们通常会有自己的理由,此时如果你只是告诉孩子他的反应不合适,便不会给孩子带来任何帮助。未来的生活的确会给孩子带来更大的挑战，但他们此时对那些事情一无所知，还需要你的帮助来学习如何处理畏难的情绪。孩子在2~6岁时就是要不断练习，在大人看来那些小小的困难不值一提，但孩子需要你的支持和帮助才能良好应对它们。你必须向孩子证明，一切并不像看起来那样困难和危险，事情总有出路。家长运用什么样的方式来帮助孩子取决于孩子的年龄，但是批评孩子的"不良行为"或者说他们太孩子气都无济于事。

也许你会长叹一口气："那他们什么时候才能最终学会？"答案是：最早也要到青春期才能学会。那之前，即使是很小的事情，在孩子眼里也是很严重的。

你可以这样对孩子说："哦，亲爱的！你是因为我们把瓶子忘在操场上了所以很难过吗？但是你知道吗，一个空瓶子在那里过夜一点问题也没有，它明天也会好好在那里的，到时候我们一起去寻找它好吗？"

通过这种方式，你帮助了孩子：你已经意识到他们哭闹的原因，向他们提供了解决方案，并传达了生活仍可以继续向前的重要信息。

2~6岁的孩子经常发生这样的情况。家长要习惯，并蹲在孩子旁边，以镇定和体谅的态度来面对孩子的绝望情绪。这样你会得到最好的回报。

生日

孩子的 2 岁生日大部分是由成年人安排的,当你要求孩子看着摄像机时,刚 2 岁的孩子会看起来很惊奇。而 3 岁生日就好多了,这时孩子的记忆力也更好了,能够更积极地参与正在发生的事情。但是第一个"真正"的大生日是 4 岁的生日,孩子已经会提前很久开始期待,并为即将到来的生日做很多设想:要什么样的蛋糕,哪些客人会来,他们是否会唱歌。4 岁的孩子对"他们的"大日子有着非常明确的想法,而且他们的想法太多了,不可能全部实现。这一天真的来临时,你的公寓里将迎来一堆 4 岁的小朋友,这种场面非常不好把控,4 岁的孩子会按照自己的意愿行事,不会像 5 岁的孩子那样顺从你的指挥。5 岁的孩子则会很明确生日派对的小客人来了后他们要一起干什么。

每个家庭都有自己的生日仪式:食物、程序、人数全都各不相同,是否习惯在孩子没起床时就送上礼物也不同。庆祝生日的方法有无数种,如何庆祝并不是最重要的,重要的是让那个过生日的孩子感到大家都在为他庆祝,这是他的节日。孩子们需要这个特殊的属于自己的日子,这是记录自己历史的特殊日子,他们在这一天来到了这个家庭,并在家庭之中获得了自己的地位,这令孩子感到幸福、自在。

孩子们的生日聚会很有趣,但也是一个很大的挑战。在这个聚会上,你会看到前来参加的小孩子们的各种超乎想象的意外状况,使场面随时可能脱离大人的掌控。因此,有必要简化庆祝活动,并事先考虑周全,规划好各项目的流程,什么时候开始排队,什么时候拆礼品,什么时候玩游戏,是否要在户外绿地上搞寻宝游戏,什么时候吃东西、切蛋糕……这一切,你都应该设计好大致的时间表,从而确保活动的顺利进行,不会突然冷场,也不会被突然出现的意外情况搞得进行不下去。毕竟仅一个孩子就会出现很多令人难以应付的情况,更何况还有来访的一堆孩子,其中甚至包括你不认识的孩子。当整个庆祝活动按照你的计划一环扣一环地顺利进行时,你会感到十分高兴。

当然,并非一切都会按计划进行。那也没关系,只要有足够的成年人来安慰那些需要安慰的孩子就可以了。你无须独自撑起整场庆祝活动,要寻求帮助。这个年龄的孩子们在一起,只靠你一双手是忙不过来的。

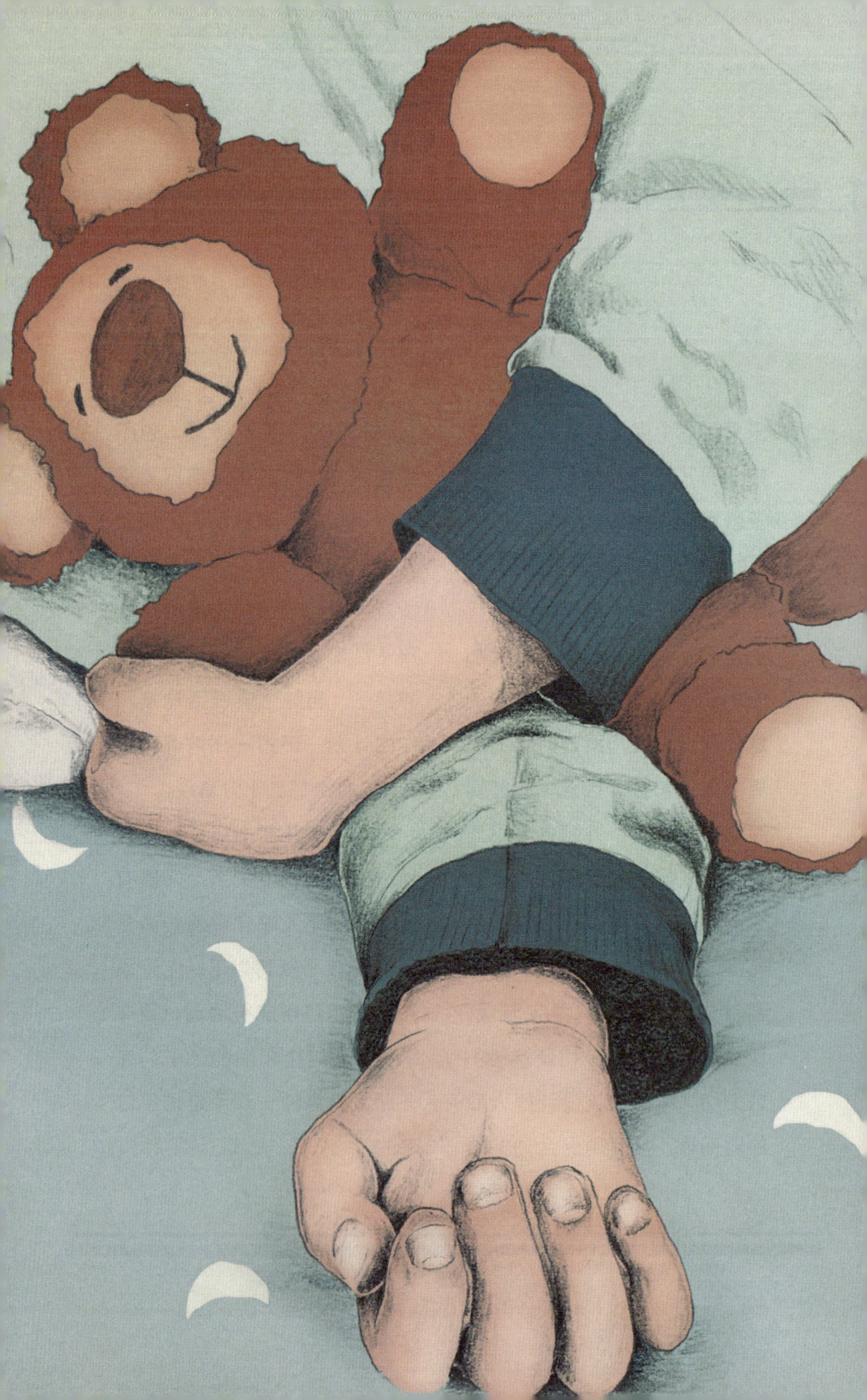

睡 眠

　　幼儿园年龄的孩子，尤其在 3 岁以后，睡眠节奏会有所改善。很多孩子已经习惯自己固定的睡前仪式，并且可以睡整觉了，让孩子上床睡觉这件事已经不再对父母们造成太大困扰。但是同年龄孩子之间的睡眠行为也有所不同，有的睡得很好，有的才刚睡两个小时就醒过来不肯再睡了。

　　不应忘记，这个年龄的儿童仍在成长和发育，睡眠仍然非常重要。睡眠意味着为他们的小身体加油，大脑需要时间在细胞之间建立新的连接。父母或法定监护人必须确保孩子有规律的日常活动和充足的睡眠，这是你所能给予这个年龄段的孩子最重要的东西。6 岁以下的孩子还无法自己改善睡眠周期，无法在睡着与醒来的状态间自动推延，如果他们错过了睡觉的时间，就很难在之后弥补回来。在一个惬意舒适的夜晚，大人们可以熬夜，但这样会使孩子失去睡眠平衡，造成第二天难以入睡的情况，继而陷入恶性循环。这听起来很无聊，但没有什么能比保持孩子的睡眠节奏更有价值。

让孩子拥有充足的睡眠是父母的责任。

准备上床睡觉

许多父母想知道这个年龄段的孩子应该花多少时间进入睡眠。这并没有固定的标准，大多数孩子仍需要花费一段时间才能进入睡眠。不要忘记了，夜晚的这段睡前时光是很美好的，这也是孩子想要延长这段时间的原因，这是只属于你们的时间。对我个人而言这是特别难忘的美妙时刻：孩子终于结束了一天的活动，放下所有事情，眼皮开始沉重，胳膊逐渐垂到床垫上，呼吸变得平静，就这样进入了梦乡。孩子的身体这时已经静止下来，半张开的手放松地摊在毯子上。

打造积极且愉快的睡前时光，一起大笑，给孩子挠痒痒，谈论这一天的经历，给孩子阅读书中的新篇章。你要致力于打造美好的晚间节目，而不是去应付着哄孩子睡觉。

但是，如果你没办法花很多时间哄孩子上床睡觉，那也不必勉强，例如，当家里拥有四个孩子时，家长根本没办法躺在每个孩子旁边一起享受睡前时光。尽量做力所能及的事，比如在孩子入睡时握他的手，这就非常好了。如果还有很多其他事情等着你，没办法在哄睡上花费时间，那也没关系，可以用最适合你家庭情况的方式来生活。

入睡对于一些孩子来说很容易,对于另一些孩子来说则很困难,他们需要毯子、可爱的玩具或父母的抚摩才能入睡。对于这么大的孩子来说,父母的亲近、熟悉的气味都非常重要。从 2 岁起,孩子们就开始愿意在自己的床上睡觉,也能在那儿安然睡着了,但是没有哪个孩子会一直愿意只是待在自己的小床上睡。

孩子躺在他们的小床上,小脚轻轻地扑腾,这对我来说可能是最美的声音之一。

父母要放轻松,因为很快,所有的孩子都能够整夜睡在他们自己的床上了。

睡觉的时间和次数

幼儿园的孩子通常每天要睡 10~13 个小时。对于他们小小的容易疲惫的身体来说,一整天太过漫长,因此大多数 3 岁左右的孩子每天都要睡午觉,但是每个孩子在这方面也有很大的不同。许多父母不确定自己的孩子是否睡眠充足,如果孩子睡眠不足该怎么办?引起睡眠不足的确切原因并不总是那么明确,也许是因为孩子不需要那么久的午睡了,也许是因为孩子疲惫过度难以入眠。

人们可以通过一些迹象来判断孩子睡眠不足的原因:总是半夜醒来并很清醒的孩子大多是因为疲惫过度,他们白天需要更多睡眠。这与成年人的睡眠障碍是类似的，当人们在工作或私人生活中发生危机时，晚上就会不停地思考这些问题，从而造成大脑紧张，无法平静下来。如果生活中发生了太多事情，大脑的紧张程度就会过高。午睡对于两三岁的孩子来说非常重要，因为他们总要面对太多崭新的东西，新的语言、新的人群、各种意料之外的事件，不提前让孩子休息一下，他们晚上就会变得焦躁不安。如果你打算结束孩子的午休，最好先和幼儿园老师谈谈，了解一下孩子白天的生物钟，也许逐渐缩短午休时间比直接取消更可取。

那些坚持不睡觉的孩子实际上已经筋疲力尽了，最好的解决方法就是确保他准时上床睡觉。要注意孩子睡前是否已经吃饱，反思一下你的就寝习惯是否合理，并把上床睡觉这件事与积极的事情关联起来。

还有一个决定性的因素，那就是孩子在幼儿园度过的一天是否顺利。教育者必须观察孩子，看看他们是否需要午睡，如果他们困了，就应该休息；如果他们看起来活泼又快乐，就可以不用午睡。

也要意识到工作日和周末之间的差异。在周末和节假日，孩子们更有可能不睡午觉，因为待在家里比待在幼儿园更安静，体力消耗更少。

夜间惊厥

有一段时间,我的儿子经常在半夜醒来,惊声尖叫。我们住在一个嘈杂的老公寓楼里,周围的邻居都离得很近,这本身不是问题,但在孩子大声尖叫时就不一样了。一个又一个晚上,出现了同样的尖叫声:"不,爸爸!""不要这样爸爸!不要再这样了,我不想!"我不知道我应该感到高兴还是失望,居然没有一个邻居投诉到青少年管理办公室。这种情况时不时就发生一次,实际上这种所谓的"夜间惊厥"并不是一件坏事。当孩子们成长到想象力翻腾的阶段时,他们通常会做这类噩梦,并在半睡半醒中"被困住"。这时你可以这样安抚孩子:无须跟他说话,只需要递给他一个可爱的玩具,或者抱着他,轻声细语地哼歌,这些都能让他冷静下来。

夜间惊厥阶段总会过去,第二天醒来,孩子已经不记得晚上发生了什么。

(真希望我的前任邻居们会有人偶然间读到此书,这能令我更心安一点……)

对于各个年龄段孩子睡眠的一些实用小建议

2岁

这个年龄的孩子有时很难入睡,他们手头有太多不愿意放下的东西,想要继续探索,很难心甘情愿地去睡觉。孩子需要在父母的帮助下平静下来,中间会出现反复,他们还会抓起最爱的玩具。这个时期的孩子哄睡时间是最长的,清晨也会很早醒来,以便在一天正式开始之前与他们"最爱的玩具"有一点独处的时间。

3岁

对于3岁的孩子来说,睡眠通常不再是个问题,他们将比以往更轻松地入睡,也会睡得更好。但是他们在晚上总时不时要到父母的床上"旅游"一下,寻找一些安全感。

4岁

这时大多数孩子的睡眠状态已经稳定下来。很多孩子不再需要午休，这使他们白天的生活状态变得更紧张了，注意不要让孩子太迟上床睡觉。上床时间太晚和睡眠不足会导致睡眠质量降低，也会导致孩子入睡更加困难。许多孩子在晚上睡觉时已经可以不穿纸尿裤了，但建议在入睡前让他们去一下洗手间。

5岁

5岁的孩子非常重视睡前时光，与成年人的宝贵独处时间从早上转移到了晚上。这时你要好好打造一下孩子的睡前时光啦！预留出足够的时间来阅读，或者拥抱在一起聊聊那些奇妙的事，5岁的孩子偶尔还要到你的床上来寻找一下安全感。实际上很多孩子即使到了七八岁，也很想和父母睡在一起。

幽默！

在这个年龄段，孩子的幽默感和使他们发笑的原因都会发生巨大变化。一个2岁的孩子看到某处突然出现一张脸会咯咯大笑，而一个5岁的孩子会因为跟他开了个玩笑而乐得停不下来。陪孩子一起笑会增强你们之间的情感纽带，让孩子感受到，你们在一起并且分享一些有趣的事，彼此感觉都很好。

即使孩子的笑话可能很幼稚，也请与孩子一起大笑。是的，孩子的玩笑对你来说可能太平庸了，你会觉得这有什么好笑的，并怀疑自己要不要真的笑出来——但答案是：要！因为一起欢笑对孩子来说意味着一切！

请注意一起大笑和嘲笑某事之间的区别。在不懂得某件事为什么好笑的情况下，被嘲笑的孩子会感到孤独和不安，我们成年人也是如此。因此，你千万不要在没弄清楚状况时就把孩子好笑的事发布到社交网络上，比如孩子搞不清楚搅拌器或类似物品的操作方法，又或者他们自己穿上衣服但穿得不对之类，切勿在别人面前取笑自己的孩子。你可以用孩子的幽默巩固你和孩子之间的纽带，而不能用它来巩固成年人之间的关系。

我们的笑点可能因家庭而异,但对于孩子来说,又因年龄而异。

2岁的孩子: 那些意料之外的事情会让他们觉得很好笑。比如图片中与身体不匹配的大脑袋,故事中一个突然转折的时刻,或者某个东西出现在完全错误的地方。他们喜欢一遍又一遍地谈论同一件事,如果遇到什么有趣的事,可以让他们欢乐几个星期。

3岁的孩子: 大约3岁半的时候,孩子们开始慢慢能听懂笑话了。幽默图片或者直接的笑话,再加上一些意想不到的内容,对于大多数3岁的孩子来说尤其有趣。这个年龄的孩子处于喜欢拿大小便开玩笑的阶段,这种情况是很正常的,而且过一阵子就会消失,但即使这样,也要和孩子一起笑。

4岁的孩子: 孩子开始会做恶作剧,对那些有关人和动物的玩笑特别感兴趣。你会发现,孩子对自己身处的环境有了越来越多的了解,他们对幽默的理解也受到了各种事物的影响。

5岁的孩子: 现在,孩子们的个体差异逐渐凸显出来。这个年龄孩子的笑点可能千差万别。他们为自己所能理解的笑话而大笑,也能更理解大一点的孩子在笑什么,然后逐渐调整自己的幽默感,与大孩子们达到一致。

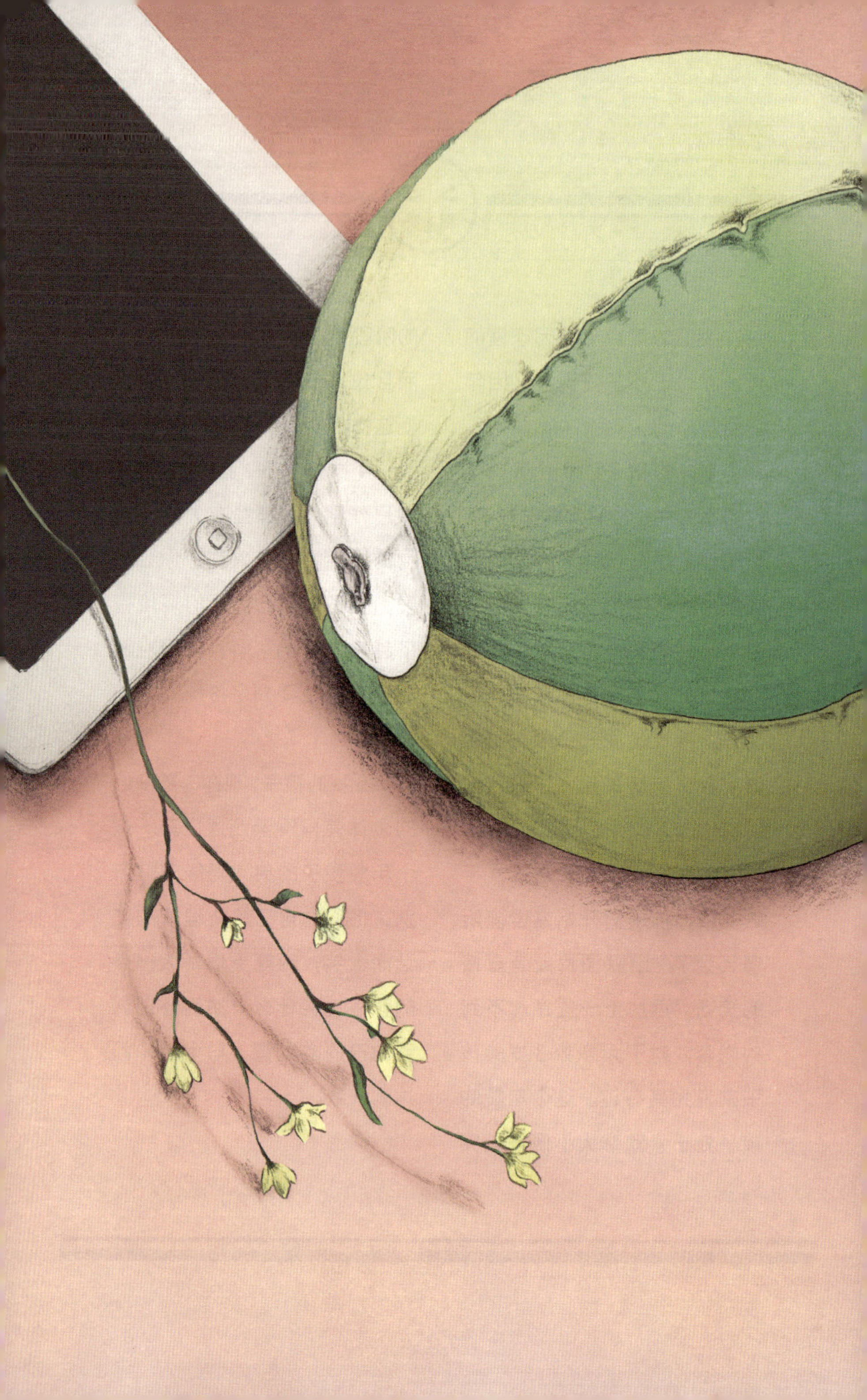

电子媒体和屏幕类产品的使用

这么大的孩子可以在电子屏幕前度过多少时间？孩子可以用多久平板电脑？父母该如何限制这些时间？孩子们为什么变得不爱出去玩了呢？所有父母都会遇到这些问题。

3岁的孩子到底可以玩多久电子产品？重要的是看孩子们拿电子产品是要做什么。孩子们可以通过平板电脑学到很多东西，他们应该花费一些时间愉快地将自己沉浸在虚拟世界中，但是孩子也应该参与到其他领域的活动中，从而获得不同的经验。

孩子们需要运动，需要在室内和室外玩耍，需要能够沉浸在自己的幻想世界中。他们喜欢坐在屏幕前的原因之一是电子产品是一处免费的"避难所"，他们可以度过一些自己的时间，无须父母的"监视"。请给你的孩子在其他方面也提供一些自由感，当孩子觉得自己准备好了，就给他们一些单独的空间和时间，让他独立地做一些事情。

孩子坐在笔记本电脑前已经一个多小时了，但不要试图通过宣布禁止使用来限制他们。诸如"我告诉过你，你只能玩一小会儿电脑游戏"之类的声明并不能产生太好的效果，你可以对孩子说："我们现在要走了。我知道你想玩更长的时间，但我们也必须出去玩。你现在把这一局游戏结束掉吧，然后我们到外面去玩。"

必须告诉孩子，除了 iPad 和电脑，还有一个更有趣的世界等着他们去发现，为孩子将来可以支配自己的生活和休闲时间打下良好的基础。你也可以引导他们进入精彩的书籍世界，阅读书籍可以让孩子获取知识，增强专注力。为孩子朗读故事，让他们沉浸在精彩的情节中，引导他们多活动身体，这些都会给他们带来乐趣，例如陪他们一起打球、爬树、摘蓝莓、采花、触摸水面、过独木桥，或在面包店买一块蛋糕。孩子们需要所有的这些活动，你需要为他们指路。

但是，如果你让孩子去做别的事，自己却一直捧着电子产品不放手，你就会在孩子面前失去信誉，不要忘了你也有很多其他的事情要做。让孩子再看一会儿电视节目自己就可以再获得半小时的安静，我自己也很清楚这对家长来说是多么诱人，但你如果经常这样做，孩子就会逐渐丧失保持活力的能力，只想享受这种虚拟的娱乐，这样不利于他们在未来建设自己幸福美满的生活。

积极投身于某件事的人比仅仅只会坐着等待的人更能收获美好的生活。

<u>孩子会通过榜样的力量，通过观察父母日常的所作所为来进行学习。儿童不仅需要电视和电脑游戏，还需要与你共同度过的时光。</u>

♥

完全限制

我的一位朋友从不让她 4 岁和 6 岁的孩子看电视或玩电子游戏，他们仅将电脑用于自己的工作。我们讨论了这个问题，我很佩服她这么长时间的毅力和坚持。但是，当孩子年纪大到可以自己决定要做什么时，完全的限制往往会导致事态向相反的方向发展。例如，你们从来不吃快餐，那么你 5 岁的孩子以后会倾向于贪婪地吞食快餐。

你现在正在打造孩子未来与手机、互联网和电脑的相处模式，完全的禁止是一种太过严格的状态，会使孩子陷入孤立。从某种意义上说，这种完全的限制也是不现实的。科技和数字化已经成为我们生活的重要组成部分。要引导孩子，让他们明白，不能因为数字化特别重要就只坐在屏幕前，还应该花时间在其他方面进行更多的尝试和探索。

不过，在未来的几年中，合理地安排电子产品的使用可不是一件容易的事。一位非常苦恼的母亲告诉我，整个家庭都被玩电子游戏的氛围"感染"。她的大儿子放学回家后就坐在电脑前，而其他的小姐妹们也照着做。孩子们听不进她说的话，叫他们吃饭也没有回应，完全沉迷于游戏的世界里。如果她要限制孩子们使用电子屏幕的时间，就会在家庭内部引发一场大争论，最后变成吵架，所有人心情都很不好。她觉得自己是个非常失败的母亲，电子游戏对孩子们来说比她这个母亲有吸引力得多，这样她还怎么为孩子设置什么其他的限制呢？

如果你过于严格，禁止孩子们玩任何电子类游戏，孩子可能无法跟上朋友的节奏，没办法和同龄孩子一起玩这类游戏或者聊这类"虚拟经历"的话题。但如果对电子游戏不设置限制，那么它们将成为你们家庭中唯一可以主导孩子时间和想象力的东西，同样，电视节目、YouTube 视频等也有一样的效果，它们能使孩子们轻易地完全沉迷在虚拟世界中。这样也会给孩子带来压力，太过沉迷于虚拟世界会使他们小小的脑子不堪重负，人际交往也会被完全抛在一边。过度使用电子产品的负面影响非常明显，孩子的生活会变得不平衡，他们会越来越不满足，会失去安全感。

对于这个问题，不能仅以一种方式来解决。每个家庭的闲暇时间都可以有不同的活动，可以通过许多活动来为孩子打造归属感。但如果让孩子做这些事情的前奏都是家庭冲突，那可不好。父母必须积极行动起来，步入正确的家庭生活轨道，让所有家庭成员重回正轨。

真正的解决艺术，一方面是找到平衡点，可以适当看电视和玩电子产品；另一方面要激发想象力，创造更多可以让身体动起来的活动。以下是一些技巧，可以帮助你找到正确的方法。

1. 家长要了解孩子的电脑游戏

对于很多游戏来说，不能中途退出，否则会无法保存当前游戏的进度，或孩子刚好正和队友进行一场决定性的战斗，一退出就会让全队前功尽弃。你应该了解孩子喜欢的游戏，自己尝试一下，并理解它们背后的逻辑。如果你了解孩子们所处的虚拟世界，就可以更轻松合理地设置界限。

2. 引导孩子进行其他的活动

为孩子提供电子游戏的替代品。你仍然是这个年龄段孩子最欢迎的游戏伙伴，孩子喜欢与你一起绘画、一起读书或享受交谈的乐趣，请确保此类活动的进行。

3. 陪孩子一起活动

你喜欢让孩子在屏幕前多坐一会儿，以寻找自己的片刻安宁。但如果在电视或游戏机前花费太多时间，孩子会变得焦躁不安，很难鼓励他们进行其他活动。尤其是在周末，要适时带孩子做其他事情，一起出去玩。

4. 与这个年龄的儿童讨论电子游戏和电视节目

哪些是可以给孩子们带来乐趣的？哪些不适合他们，需要被限制？正如我们不能只给孩子吃甜食一样，他们也必须明白，电子游戏和电视并不是全部，还有很多其他的事情要做。

想象和扮演的处理模式

我儿子小的时候，偶尔会和小朋友们一起在房间里假装玩电子游戏。他们把积木块当游戏机，把面前的白墙当屏幕，讨论着他们想象中在白墙上可以看到的情景。

每当孩子做那些有固定模式或路径的事情时（无论是读书、玩电子游戏还是参加体育运动），他们都会使用这种想象和扮演的处理模式。

孩子们会通过玩耍来自动进入这种模式，用这种方式来进行自学，弄明白自己到底要做什么。例如，你给孩子读了一个童话，但其中的某个内容或元素对他们来说很难理解或者太复杂，这时孩子会将这些内容和元素整合成想象中的游戏，以图形或角色扮演的方式进行处理。这就是孩子们独特的处理模式，处理自己听到的内容，进行场景演绎，从而更深入地理解故事，并转化为自己可以理解的内容。从这一点我们可以明白，游戏时间对所有孩子来说都是非常重要的，我们也要更加谨慎地控制孩子玩电子游戏和看电视节目的时间，因为它们会过多地吸引孩子的注意力，并占用过多的精力。

孩子们在屏幕前花费太多时间的代价就是牺牲掉这些最重要的成长模式，失去用来学习新事物、处理吸收头脑中的新知识所需要的时间。

你的个人社交媒体

对于你个人的手机和相机的使用，请注意以下几点。不要将孩子变成"物体"。无论你是否愿意在社交媒体上发布孩子的照片，都应直接和正确地"看见"孩子，不仅仅是通过智能手机或相机镜头对孩子进行感知。孩子们需要你时刻的、亲密的关注，他们才是真正需要你的人，而朋友们在社交媒体上对你的点赞和评论都与孩子无关。当今，我们所有人都面临着被网上其他人"吸"走注意力的危险，会被别人对图片的反应和评论左右了心情，但现实生活不存在于屏幕中，现实生活是通过眼神接触和人与人之间的亲密关系来实现的，这就是孩子对你的需要。

正确地称赞孩子

你总想让孩子明白他们有多棒,明白你拥有他们是多么的幸福;你想让孩子知道,你注意到了他们做的所有事情,并觉得特别有意义。然后,许多父母会称赞孩子:"你做得真好!"——这几乎成为随时都可能自动出现的口头禅。"你画了一幅画吗?你做得真好!""你搭建了一条铁路线?你做得真好!""拼图都拼在一起了吗?你做得真好!"

通常在你想不到更好的表达方式的时候,都会使用这些语句,它足以达成你的目的——至少在短期内。

实际上,这不是夸奖孩子的好方法,并不能给孩子带来什么益处。一方面,孩子会发现无论他们做什么,你都只会说这句话,当孩子需要鼓励时,这是一个简单的解决方案,但它随后会变得越来越不起作用,成为一个空洞的短语;另一方面,它给孩子造成了一个错误的印象,"好"就意味着他们必须表现得好,这样你才会爱他们。"现在你做得很好,我为你感到高兴,你这样做很正确。"然后,孩子会将其视为标准,并采取相应的行动,只希望朝着"好"的方向行事,却没有勇气尝试新事物,最后就会成为一个胆小的人,总想避免错误的状况,防止你给他们打上"不好"的标签。如果坚信自己必须保持"好孩子"的标签,长大后会比其他人更不容易应对困难，更容易放弃，对自己也更没有信心。

另外，这类儿童在遇到自己不擅长或者曾经失败过的情况时会出现应对障碍。

一个真正的好孩子，需要被允许尝试，被允许犯错误，要敢于接触新事物，学习新技能，而且整个过程都始终沐浴在父母的热情之中。重点是，孩子需要得到尝试的机会，需要勇气和热情。

如果一个孩子把"做好孩子"当成自己内在的理想，就只会固守经过考验的、成功的做法，但这并不能带来新的发展机会。

你应该给孩子尝试和犯错的机会，当孩子不成功时，不要轻易地责骂或批判他们。也许他们今天还没有办法自己拉上夹克的拉链，但明天肯定会做到；如果孩子画不出自己想要的图画，也可以再试一次。但是，如果你一直说"你做得真好"将减慢孩子进步的速度。

如有可能，请以其他方式称赞孩子，而不要使用评价语，你只需要分享孩子成功时的喜悦就行了。"哇，这是你做的？你做到了！"孩子不想知道自己做得好不好，只希望你对他们所做的事情感兴趣，知道你在关注着他们的所作所为。

这样，孩子将愿意尝试新事物，并为了取得成功而进行持续的改善。

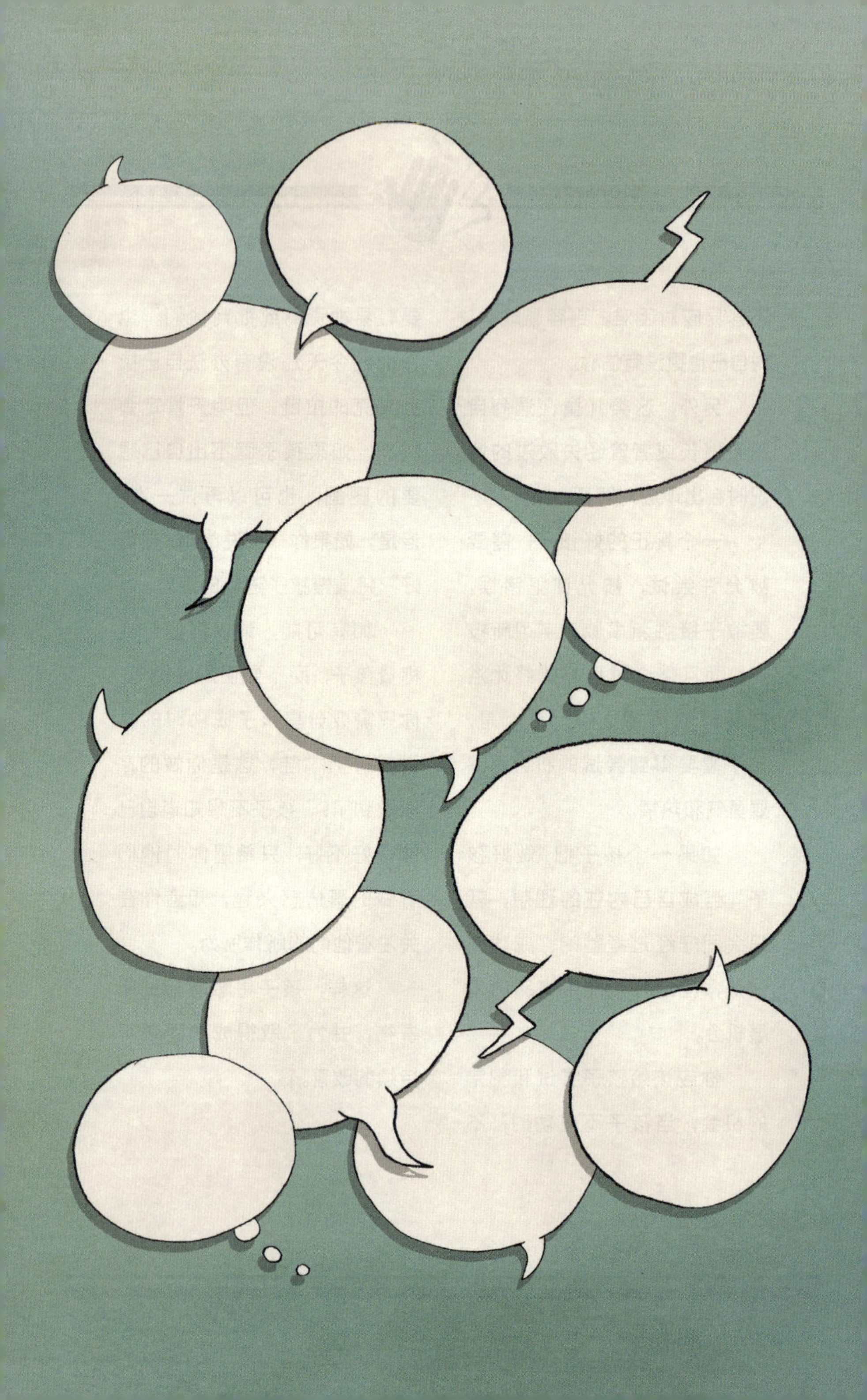

分居或离异家庭的孩子

有时候生活总让人感到无力，也许你们的关系真的走到了尽头，忙碌的岁月使你们越来越清楚，彼此无法作为伴侣再一起生活下去了。也许是伴侣的某些方面令你越来越无法接受，不再愿意与对方生活在一起；或者你们面临无法解决的难题，比如疾病或外遇；或者有些伴侣关系只是没有任何继续走下去的方法了。如果确实有必要分开，那么分离之后，每个人都会生活得更好。

孩子也是。

在孩子还在上幼儿园的年龄时分手也有好处，孩子还很小，会没有任何质疑地接受成年人的解决方案和解释，这会让分离变得容易一些。难的是从决定分开时就着手创造一个对所有家庭成员都有利的解决方案。从现在开始，原本的一个家庭分成了两个部分，孩子在这两个部分中都应该感到舒适自在。怎样才是"成功"的分开，这个问题的答案只能从孩子的角度给出，而且要在 15~20 年后才能有确定的答案。你们的目标是确定分开后的生活模式，无论如何都要确保孩子快乐地长大。

　　2 岁至 6 岁的孩子已经足够"大"了，以至于他们希望与父母双方都共度时光（前提是你俩都能照顾孩子）。不要让孩子成为争吵的焦点，这是决定性的因素，只有最差劲的家长才会让孩子暴露在争端中：让孩子被迫站在某一方，受到法院或相关部门的讯问，而父母双方都试图证明他们才是最合适的监护人。这种事情对孩子来说是沉重的负担，但关系破裂的父母很少能够将监护权的问题以一种双方都可以接受的方式解决。孩子不是"可分割的"，许多父母别无选择，只能分担监护权，分担日常照顾孩子的任务。

　　从明白婚姻彻底无法挽回那一天开始，你就要做好准备，事情的进展肯定会很不容易，但为了孩子，还是必须与对方团结起来，好好解决这个问题。你们可以谈论百分比，也可以谈论孩子在双方家里度过的天数和周末数，但是哪种解决方案最好，因家庭而异。应该允许孩子与父母双方都有接触，这样他们才能好好生活，尽可能与你的前伴侣住得近一些，与对方针对实际的事情进行沟通交流，尽量不要让自己对背叛的愤怒感和对婚姻的失望感影响到后续对财务分割和孩子分配的谈判。如果你因为被出卖或背叛而感到非常痛苦，无法承受，就请寻求朋友或专业人士的帮助或建议，但不要中断与前任的沟通，从而保证孩子的利益不被忽略。

帮助孩子度过父母分离的适应期，你们需要付出很多，必须尽自己所能，并坚定信念来执行这个任务。

一个在父母的争夺中陷入困境的孩子被剥夺了亲情，被大人操纵，会产生自己一文不值的感受。在这种方式下，孩子变成了被争夺的玩具皮球，"在一起"这个概念在孩子心目中逐渐消失，他们最基本的安全感将被动摇，不复存在。

当争端取代了家庭团结，孩子会深受影响，几乎不可能发展出良好的自我意识。

我明白，在离婚的过程中一切都很不容易。被抛弃的人会感到很受伤，同样，那个主动离开的一方也会遭受痛苦，愤怒、无助、被背叛的感觉如影随形。但是，如果让这些很负面的感受都赤裸裸地爆发出来，我们的孩子就会整个崩溃。

在这种情况下，如何做才能最大限度地保护孩子不受伤害？重要的是，孩子应该相信自己与父母双方都相处得很好，和你们俩分别待在一起时都很舒适，你也必须保证孩子有表达困难、表达难过的权利，并及时进行情绪疏导。如果父母彼此分开生活，应允许孩子为此与父母争吵、哭泣，允许孩子与父母双方都有共同生活的机会。一些离异家庭的孩子会感觉自己像父亲或者母亲的新家里的客人，因为父母在见面时会表现出过度的高兴或热情，并做好了充足的准备。这种过度的热情很常见，一见面就买孩子最喜欢的食物，挑选他们最喜欢的电影，但是孩子们不想要这种要入住酒店度假的感觉，他们只需要一个家，或更确切地说：两个家。家是可以放松身心的地方，可以尽情做自己的地方，可以发脾气、吃剩饭的地方。

这个年龄段的孩子很容易与你的生活节奏保持一致。当他们看到你表现出特别兴奋和期待的样子时，会有一种不真实的感觉。

许多父母在离开孩子的第一个周末哭红了眼睛。没有孩子的生活似乎毫无意义，变得很不自然，而且会感到丢脸，有一种失去了生活寄托的感觉。但是，一旦离婚成为现实，作为孩子的父亲或母亲，都必须找到一个合适的办法，让一切变得可以接受，让孩子感觉一切都还是"日常的"，这是你欠孩子的。

你的新伴侣

一个叫埃里克的男孩偶尔会来我的诊所。他是一个内向的孩子，微笑时羞怯得恨不得躲进地缝。在他2岁时，他的父母分开了，那时他们还很年轻。在那之后，他母亲的生活中出现过很多男人。我还记得我们第一次见面时埃里克13岁，他母亲带着他过来咨询他与继父的相处问题。新继父不喜欢他，当然随着相处时间的延长，这会带来问题，但最终母亲为了儿子离开了当时的伴侣，她说："我不能和一个不喜欢我孩子的男人在一起。"那是埃里克一生中非常重要的时刻。当谈论起那件事时，埃里克并不想真正面对，实际上，当时很多事情都有可能给他造成严重的伤害，但正是由于他母亲坚定地站在他的身边，所以今天他对自己的看法有所不同，认为自己是一个值得捍卫的人。

当有新的伴侣加入家庭时，新家庭的每个成员都会遭受挑战。新的伴侣不见得要理所当然地对孩子感到同情，这是很正常的，无论他们在恋爱时透过爱情的滤镜把这件事看得多么伟大。作为新的伴侣，为继子女担任"父母的角色"需要付出很多努力，需要在大多数时间中表现出对孩子的兴趣，并且具有与孩子打交道的丰富经验。如果新伴侣本人没有孩子，他们通常无法理解孩子父母多年来的生活状态以及在育儿方面积累的经历，新伴侣容易将儿童视为破坏性因素。

孩子的亲生父母必须意识到这一点。如果可以的话，要确保孩子在新的家庭中有归属感，觉得自己被接纳了。新的伴侣也要学习如何与孩子一起玩耍，如何给予他安全感，如何与他交流。

不要让新伴侣过早地单独承担带孩子的任务，这是一个长期的过程，你需要在这个过程中逐渐建立起对新伴侣的完全信任，一直到新伴侣与孩子能够融洽地相处了，你才可以逐渐给对方空间，让新伴侣以自己的方式与孩子建立联结。

成年人的语言

成年人之间的交谈和成年人与孩子之间的交谈是很不一样的。成年人之间使用的表达方式更加简单直接,而且并不总是把话说得很清楚,但成年人凭借自己的理解力,通常能够很快领悟这些话背后的意思,仿佛对一切都了如指掌。但孩子可能会被大人之间互相交谈的方式吓到,他们还没有真正地全面了解自己,他们是这个世界的新手,只是刚刚准备好要尝试一下各种新事物。

因此,永远不要像与其他成年人交谈那样与儿童交谈。应该找到一种适合的语言表达方式,可以帮助孩子理解你对他们说的话,并且不会吓到他们。

我们成年人会自动执行这个操作,这是我们的本性。我们在一开始就会模仿那些刚刚形成的声音和幼稚的语言。另外,即使孩子稍大一些,他们的语言能力变得更好了,你还是应该用他们可以理解的语言与他们进行交谈。

谈论一切事情

孩子们想要谈论所有的事情,希望被你倾听。当孩子到达学龄时,他们会更加关注周围世界万事万物之间的联系,同时他们也会受到更多问题的困扰。有些父母觉得与孩子谈论任何事情都很容易,而另一些父母会觉得有困难,根本不习惯用语言与孩子交流这些问题。

你应努力和孩子谈论所有话题,当孩子问你问题时,要尽可能自然、诚实地回答。尽量用孩子可以理解的语言,谈论人类的整个生命过程,从生到死,以及这之间发生的一切。

要从人生的起源开始,一旦孩子有了一点懵懂的了解,就可以开始与他们谈论"性"这个话题。告诉他们只有女孩子有阴道,只有男孩子有阴茎,以及这些器官的大致功能。用什么方式去解释并不重要,重要的是给出一个诚实而简单的解释,这样才对孩子有利。向一个 2 岁的男孩解释阴茎勃起是容易的,但向一个 6 岁的男孩子解释清楚已经比较困难了,到 14 岁就更不容易了。你不应该采用"蜜蜂和花朵"这样的老套说辞,在谈论我们的身体和各器官的反应方式时也应使用正确的术语,孩子会根据他们的理解能力来领悟这些事情的。

当我的次子3岁时,我丈夫的父亲去世了,他坐在沙发上哭泣,3岁的孩子以前从来没看到过他爸爸哭。我说:"爸爸的父亲今晚去世了,爸爸现在非常难过。"小男孩听了以后走到爸爸身边,将头埋在他的肚子上,和他一起哭泣。孩子有自己的直觉,知道自己也需要参与到这种悲伤中,这种直觉的存在可以帮助我们人类摆脱孤独,不必一个人悲伤哭泣。

我始终建议父母让孩子参与所有重大事件或意外(包括婚礼和葬礼),孩子也应该在那里,要允许他们为死者哀悼。一起感受,一起流泪,是孩子融入家庭团体的必经之路。

与5岁的孩子谈论死亡要比与8岁孩子谈论起来容易得多。小学生已经变得更加客观、更加唯物主义了,而对于5岁孩子来说,他们的视野还停留在想象力的阶段,头脑中还存在很多神秘的空间:我们死后会怎样?会变成什么?也许会以另一种不同的方式生活,也许不是这样……5岁的孩子对任何事物都还保留着开放的想象。

与孩子交谈的艺术

很多父母告诉我,与孩子交谈很困难,不知道该问孩子什么，不知道他们感兴趣的话题是什么，很难以正确的语气来保持对话的进行。在2~6岁之间，儿童的语言能力得到了极大发展，孩子年龄越大，他们之间的差异就越大。不能确切地说每个孩子在某个年龄点会发展到哪一步，但他们一定喜欢并依赖与你的语言交流。无论在开始学习语言时（孩子可以说出第一个词语时），还是在语言和思维越来越紧密地联系在一起时。诀窍是找到孩子们喜欢谈论的话题，不要抱有过高的期望。当一个2岁的孩子被问到今天过得怎么样时，他对谈论这个话题并不感兴趣，而一个5岁的孩子会滔滔不绝地讲述他白天经历的一切。

当孩子的语言能力已经充分发展时，记得不要揠苗助长，即不要与他们讨论过于高深的事情，应该把重点放在他们的日常生活上，表现出兴趣，并将其作为你们谈话的内容。可以看看每周计划，一起看看托儿所的照片，或寻找其他合适的话题切入。对于孩子来说，即使他们提出的问题从未得到准确的答案，也比什么都不知道好。那些用"是"或"否"就可以回答的问题也不容易引起一个话题，时间长了，这样的"审讯"式聊天会让孩子感到很无趣。最好以其他的方式交谈："我看到你们幼儿园今天组织外出游玩了。你去哪儿了？你做了什么？"或者："今天幼儿园的午饭是卡托做的吗？都吃了什么？"也许孩子经常会说出答非所问的内容，但是你应该仔细倾听、认真领悟，因为这些都是孩子关心的事，孩子希望你也能有所了解。

> 孩子们需要不断扩充自己的词汇量,让自己能够更好地表达内心的感受,并将事情描述清楚。如果他们缺乏情感类的词汇,面对问题时就很难寻求帮助。

许多两三岁孩子的思维只被当下固定:这时、这里。与他们谈论一天中的所有事项并没有多大意义,但引导孩子聊一聊他们在日常生活中感兴趣的事情是个不错的选择。你要做的就是让孩子看到,你正在他们身边,认真地倾听他们的话,关注他们表达的事情,并接受他们的答案。对话应该是积极的,孩子真正需要的是你认真倾听了他们的话,并对他们的意见有所反应。

如果你总是对孩子说的话不感兴趣,他们最终将停止与你对话,然后你就会错过孩子想象力蓬勃发展的年龄段,错过他们头脑中那些千奇百怪的奇妙的事物,当孩子再长大一些时,他们将不再愿意与你谈论生活中发生的一切。如果你希望孩子到青少年时期依然与你交流,就要从现在开始培养他们与父母交流的习惯,哪怕只是几句话。你的孩子必须意识到你关注他们感兴趣的事情,这就足够了。如果孩子在幼儿园画了一幅像涂鸦一样的图画,不要将它随便塞进抽屉的底层,而应该弄平整，放在家里一个显眼的位置，回到家后与他们一起欣赏这幅画，孩子在这幅画上花费了时间和精力，要向他们表明你很在乎这些努力和付出。不要只表达你的欣赏，或只是说画很漂亮，而要询问图画代表了什么、他是如何构思的，真诚地参与其中。一幅乱涂的画也可以引发一段美好的交流时光。

孩子们总是说实话吗？

你应该认真倾听孩子的话，但这是否意味着孩子所说的一切都是真的呢？幼儿园年龄段的孩子头脑中的想象力总在不停地翻腾，这也导致他们的言行总是感觉、幻想和实际经历的混合体。从孩子的语言中发现可怕的问题时，你要去确定他们说的事情是真实发生的还是谎话（那就万幸了），这对你来说会是一个巨大的挑战。

最近我接待了一对父母，他们在其中一方出轨后分手了。分手的过程很痛苦，关于如何分担孩子们（分别为 5 岁和 8 岁）的养育任务，他们进行了许多探讨和争论，那个母亲总是不相信她的前夫。当她 5 岁的儿子有一天回到家，说爸爸的新女友抓住并殴打了他时，母亲怒不可遏，禁止父亲再见孩子。而另一边，父亲不明白这是怎么回事，因为他的新女友从没有单独和男孩待在一起过，而且两人在一起时看起来互相喜欢，相处和睦。

那么到底发生了什么？孩子的故事是从哪里来的呢？

真相并不那么容易确定。作为成年人，你需要结合整体情况来解读孩子的话语，从而使背后的真实信息浮出水面，还应该向孩子隐瞒自己对查明事件真相的恐惧。孩子说出让你担心的事情时，确保自己认真倾听他们说的话，先让他们讲完整起事件，在那之前不要急着表达自己的结论。"哦，那真可怕。到底发生了什么？能给我详细讲讲吗？"是最好的方式，可以让你更深入地跟进事件。然后，你需要评估，孩子说的话由何而来、有什么潜在需求。

5岁男孩的母亲求助于幼儿园的工作人员，发现他们刚刚阅读了一个童话故事，故事里继母打了小女孩，也许那是孩子故事的来源？工作人员还告诉母亲，男孩在父母之间往返的那几天总会躁动不安，这些奔波变动消耗了孩子的很多精力。男孩回家后，母亲问他，轮流生活在两个家庭是不是很难，孩子说是，他说他非常喜欢父亲的女友，但担心母亲会因为他喜欢去父亲那里而感到生气。

这个男孩无法放松下来，因为他了解母亲的痛苦。对这个孩子来说，最好的解决方案是让他看到父母的和解，从而不再生活在父母没完没了的冲突之中。幼儿园里的童话故事给了他错误的引导，他以为那样说会令母亲感到开心，即使这最终只是引起了大人们的警惕和关注。

在这个事件中，孩子最后还是被批评了，不过只是批评他撒谎——这个男孩只是以 5 岁孩子的方式讲了一个谎话。孩子们需要被倾听，但是他们只能以自己的方式讲话，作为成年人，不要只是告诉你的孩子这样不好，这会让他们失望。如果你只是单纯地考虑他那些话的表面意思，而忽略了孩子的年龄和成熟程度等因素，那就很难理解其背后的真正原因了。

与孩子谈谈感受！

几天前，一对结婚多年的夫妇来找我。男人低头看着桌子，妻子坐在他旁边。他发现很难找到合适的语言来表达自己的感受，就好像这些感受没有名字一样。每当他们的关系发生问题时，他的反应总是沉默无语。妻子觉得丈夫离她越来越远了，因为每当她询问丈夫的感受或情况时，他永远只说一个"好"字。

在我们交谈的过程中，他突然抬起头，绝望地看着我，说道："我不知道你在问我什么。从来没有人真诚地问我过得怎么样。这就是为什么我总是只说'好'，到目前为止，这都没什么问题。但是现在我注意到自己和妻子正在彼此远离，这样我就只剩一个空壳了。"

那是一个美好的时刻，因为我发现，这个成年男子小时候缺失了一样重要的东西，我必须首先帮他明白一件事：他被人在乎着。

如果有人问我们："你好吗？""好"这个答案通常会脱口而出，不管它正确与否。

那么，为什么用语言表达自己感受的能力这么重要呢？许多人可能认为，没必要把感受放在这么重要的位置上，真的有必要这么在乎孩子对周围世界的感受吗？

当人们分享彼此的感受时会变得更加亲近。通过这种方式，我们可以告诉对方自己是谁、是什么样的人，这就是我们彼此相遇、相处的方式。

可以将自己的感受进行分类，并熟悉它们，它们会在很多方面为你提供帮助。你的感受可以为你指出一条道路、一个方向，或提供一些线索。它们会告诉你自己内心真正想要的是什么、不喜欢的是什么、想要逃避什么。我们的感觉并不总是唯一的准绳，但如果不去追踪自己的感受，不认真对待自己的感受，我们就无法好好地表达自己，只会说"是"或"否"。

孩子需要在你的帮助下才能找到通往自己感受的路。他们逐渐长大，大脑可以处理越来越复杂的事情，这时孩子就需要匹配更大的"情感词汇量"，同时还需要更好地了解自己的感受。这时孩子需要你的帮助，要尊重他们的感受并给他们留出空间。

你对孩子的帮助为他们提供了必要的工具，在未来的某一天运用这种工具，成功地将自己的生活掌握在自己的手中。

如此一来，你的孩子既可以与其他人保持亲密关系，也能够与自己更好地相处。

许多人认为积极的思考意味着扫除一切负面因素。这可不对，真正的乐观主义者总是相信，即使过程中充满了艰难和无望的时刻，也一定会有一个美好的结局。

真正的乐观主义者勇于接受现实，始终明白即使事情的进展并不顺利，与他人的交流和亲近总会对自己有所帮助。这使他们有勇气去做必要的改善，并且有机会扭转局势。

而那些始终逃避问题的人终将失去信念，不再相信事情会变得更好。

我们的生活中总是充满各种痛苦：争吵、失望、疾病和心痛。生活总是艰难的，这些总会发生，但是，如果孩子认为遇到问题就要躲避，问题不能拿来与别人讨论，他们就将独自一人面对所有的事情。

从长远来看，没有哪个孩子能够保持绝对的独立。

所以你应该陪伴孩子进行"情感之旅"，他们需要发现并说出自己的感受。给予孩子足够的空间，陪着他们一起笑、一起哭，并尽自己最大努力和他们探讨那些艰难的事情。和他们谈谈感受。

你将从中受益，你的孩子也将从中受益，你们之间重要的情感纽带也会因此变得更加牢固。

性虐待及其风险

性虐待是对儿童的暴力袭击,对儿童来说可能是最糟糕的经历之一,会剥夺他们所有的自尊心和希望。儿童对性还处于懵懂状态,对自己和他人的身体充满好奇。成年人的性欲对孩子来说是陌生的,他们还无法理解,如果向他们强行灌输会引发孩子的恐惧,从而伤害他们。

然而,性虐待的发生比许多人想象的更为普遍。如果不幸发生了这种事,孩子可以谈论它,并相信自己能够得到帮助,这样是最好的。如果孩子遭受多年的性虐待,他们会蒙受巨大的创伤,就如同身体中长出了令人疼痛不已的癌一样,而且这种癌会不断增长,最终吞噬掉孩子的人生。

你可以通过以下两件事来防止儿童性虐待。

1. 用简单的语言给孩子讲讲性知识。

谈论他们的阴茎,让孩子知道,新生命是如何制造出来的。告诉他们,成年人在不生育孩子的情况下,保持彼此之间这种称为性的亲密关系,就是恋爱关系。确保孩子知道性方面的言语,万一遭受虐待时,这会帮到他们。

2. 当孩子告诉你,他在身

边的某个成年人的陪伴下感觉很不好时，你一定要提高警惕。 这类人可能是你喜欢的人，包括孩子的亲属或你们的朋友。每个人的性欲都是私密的，我们常常不了解他人的内心世界，如果孩子遭受性虐待，你应该保护孩子，而不要坚持你对其他人的固定看法，你可能并没有真正了解过对方。

你没有正确地认识"我"

　　有时候孩子表现得不那么令人满意，不吃东西，在幼儿园打其他孩子，拉别人的头发；或者总是令人失望，不想戒掉纸尿裤，咬人，尿床，轻率无礼，说脏话。还有那些害羞的孩子，自闭的孩子，尖叫着说"我恨你"的孩子。

　　在与这些孩子打交道时，在这样的麻烦时刻将他们远远推开是不对的，远离他们或惩罚他们都是错误的。相反，在这种时候，你更应该接近孩子，看着他的眼睛，尝试与他交谈，真诚地面对他。

　　因为孩子实际上只是在表达一件事："你还没有正确地认识我。"

孩子有特殊的障碍怎么办？

你可能长期以来一直怀疑自己的孩子没有像"其他孩子"那样成长，或者觉得自己孩子看起来不像其他孩子那样正常。你可能知道固有的原因：自己的孩子是早产婴儿或有遗传缺陷，你正在逐步学习如何与他们相处。又或者孩子长到一定年龄，你可以更清楚地将他与其他孩子对比，才知道自己的孩子真的与正常的孩子有一些不同之处。

有些孩子的确存在一些障碍，这些障碍有很多种：学习困难，影响身体成长的疾病，智力或身体发育延迟，等等。而有些孩子只是没有按照"权威指南"的模式发展。在大多数情况下，这种"异常"的背后没有太多复杂的因素，对于许多所谓的"问题孩子"来说，一切都很正常。但是，正确认识孩子发育的各个方面并做出正确的判断是非常重要的，从幼儿园年龄开始就进行早期干预有可能防止问题的出现，或者防止问题变得更严重。要做到这一点，就要始终关注孩子的成长，当觉得哪方面有所不足时，应及时拜访医生、联系咨询中心，或询问幼儿园老师："你发现孩子有什么不寻常的地方吗？如果有，是什么样的不寻常？"

伊丽莎白有一个活泼开朗但又很难安静下来的2岁半的女儿。那是一个很棒的孩子，在她出生前，伊丽莎白对如何抚养孩子几乎一无所知，也从未抱过婴儿。女儿出生时，一切都很正常，她以为自己生下一个健康的孩子，但后来逐渐发现自己的女儿很难平静下来。伊丽莎白最初认为小孩子都有这种情况，但后来女儿开始与别的孩子一起玩耍，一起用积木建造房屋，伊丽莎白也开始与别的母亲有了更多交流时，伊丽莎白才意识到她的孩子才刚刚开始走路，比别的孩子迟了很多。她向幼儿园的工作人员提及此事，被告知女儿在幼儿园很少与其他孩子接触，也很难平静下来，他们几乎没办法鼓励她参加任何集体活动和项目。她在语言发展方面也远远落后于其他孩子。伊丽莎白告诉我，她为之前没有及时发现孩子的问题而感到懊悔。

有时候的确是这样的：我们作为父母，总会把自己孩子的情况作为唯一的标准。

如果孩子难以安静下来，出现身体或精神发育障碍的迹象，或者他们的发育远远落后于其他孩子，并且这种情况似乎越来越严重，那就要采取行动了。造成这种发育迟缓的原因可能有很多，应该先让医生对孩子进行检查，以确定是否有导致这些"异常"的物理原因，有时儿童的视力、听力或过敏性疾病比较难以诊断，有可能对该年龄段的儿童产生比较严重的影响。如果在医生检查后没有发现这些状况，就要更仔细地检查孩子的生长状况和学习能力。

总是会有一定比例的儿童存在某些不足，他们也许一生都将面临特殊的挑战。如果你的孩子也属于这一类，那么让自己尽快熟悉这些问题尤为重要。特殊的儿童更需要父母的大力支持，全家人都应该用充足的知识武装自己，从而抵御可能发生的意外。

对于异常的孩子，那些儿童成长的"标准建议"已经没有参考价值了。如果没有尝试与孩子进行任何形式的接触，就几乎不可能与他建立起任何联结，就像我在本书第一步中说过的那样。有特殊孩子的家庭需要付出不一样的努力，使用不同的方法，这才能与孩子建立联结。与其他家庭相比，他们所要面对的路径和后果都完全在另一个层面上，而且孩子带来的不确定感也会成倍增加。

对于你的困境，其他父母可能根本无法理解。当其他人夸耀自己孩子的进步时，你的孩子很可能只取得了一丁点儿微不足道的成就。在这种情况下，获得理解、共情和支持就会格外重要。即使是最亲密的朋友，有时也可能无法理解你的处境或正经历的事情，换句话说，你总会感到很孤独。当务之急是让自己充分了解孩子"缺陷"方面的所有知识，以获取真正有价值的帮助。

伊丽莎白和她的家人花了很长时间才确定了孩子的问题。他们最终得知了女儿的异常是因为患有自闭症。一方面，这是

> 我始终强调父母要对孩子的成长负责。如果在日常生活中还有更多的任务需要承担，那么你肩膀上的责任就更大了。

一种解脱，他们终于找到了自己的女儿与其他孩子不一样的原因；另一方面，确诊给他们带来极大的悲伤和不确定性。诊断本身并不会告诉他们孩子以后的生活到底会怎样。孩子未来可能得到什么？能正常学习吗？会终身错过什么？这些全都是未知数。医生和家庭专家们只是强调要耐心等待。"他们说的'这可能还没那么糟糕''可能比我们以为的要好'都使我发疯。这样的安慰有什么意义？"伊丽莎白叹了口气。但是我知道，孩子的父母已经得到了有力的支持：知道了该如何与女儿互动，如何让女儿平静下来，如何与她一起分享美好时光，这些都是他们之前不知道的事情。这给未来带来了希望。

在这样的困难时期中，孩子会承受一次又一次的考验，你的生活中也充满了担忧和恐惧，作为父母，一定要坚强起来，不要放弃，这一点尤为重要。采取行动，有意识地利用已获得的帮助并花更多的时间和家人们在一起。起初的时候，这件事将占用你的全部精力，令你几乎无法考虑其他的事。向家人和朋友寻求实际的帮助，至少请人在清洁和准备饭菜之类的事情上帮助你，这样你就可以在其他人帮忙照顾孩子的时刻小憩一下，让自己喘口气。

但是，责任的重担仍然落在你身上，你要承担的比其他家长更多，无论是在范围上还是在时间上。

父母有好好管理自己情绪的义务

直到今天，当我回想起过去与大儿子的相处时光时，仍然会为某些事情感到内疚。我当时是单亲母亲，尽我所能承担起

给特殊障碍儿童父母的一些建议

1. 如果你担心孩子的成长，请联系医生、专家或咨询中心。为孩子着想，获得"正确"的帮助很重要。

2. 详细了解孩子的诊断书。互联网并不见得是最好的顾问，你需要通过各种各样的信息途径来获得支持。

3. 鼓起勇气寻求他人的帮助。现在的你需要别人的支持。

4. 不要期望别人能够像你那样事无巨细地处理问题。他们没有你自己那么关心你的孩子，因此可能不会考虑得太周全。

5. 你真正的任务是与自己的孩子一起好好生活、相处，虽然养育某些孩子很有挑战性，但是人与人之间的联结总是以爱为基础的，要找到彼此之间的爱与喜悦。

一切，尽量调和所有的矛盾。我希望他不会注意到我的痛苦和难处，尽管我非常清楚，自己不会永远陪在他身边。我仍然记得他上学的第一天，他与其他孩子一起站在那儿：崭新的挎包，精致的衬衫，整齐的头发。我很自豪，也有点紧张。那是一个特殊的日子，是个重要的时刻，但我在那些日子里却沉迷于新的爱情和相思中无法自拔。

生活有时并不轻松，但我们作为成年人，必须好好管理自己的情绪，孩子永远都没有义务为你的感受负责。

儿童应参与重要的家庭活动，要允许他们作为其中的一分子出现。积极和消极的感受都应该彼此分享，因为这种分享是一种友好的互动方式，可以把父母和孩子紧密地联系在一起。

但如果你告诉孩子"你走路太慢真令我难受，因为这样我上班会迟到"或"如果你在商店里一直这样尖叫，我会很尴尬"，就会给孩子传递一种感觉，那就是他们要为你的情绪负责。

但是，孩子根本无法应对这些，无法为你的情绪负责。

你当然可以说："今天我们一起玩之前，我需要先喝杯咖

♥

如果父母背负了太多压力和忧虑，那么这种状况往往会对他们与孩子的联结造成阻碍。父母也需要放松的时刻，需要从别人那里获得支持，需要从繁杂的日常生活中透透气。

啡，我好累。"但不要说："你真的让我受够了！"

生育孩子是件幸福的事，你比其他人更有义务让自己保持良好的状态，孩子们需要父母拥有稳定的状态。你可能陷入困境、感到难过、与上司有矛盾、有财务困难或对长辈的行为感到愤怒，但不要忘记了，这些都不应该影响你继续履行好父母的职责。你必须振作起来，为自己负责，与朋友谈谈困难，财务问题可以向银行求助，也可以寻求其他成年人的帮助。

孩子们无法扭转父母的困局，不能使生气的母亲或沮丧的父亲过上轻松的生活。但如果他们想要改善你的困局，会持续努力然后又不断失败，这会给他们带来沉重负担，最终只剩下一种感觉——无助。

这将使你的孩子感到筋疲力尽，并不再关注自己的感受，最终他们也将不再感知他人的感受。这对于一个幼小的孩子来说太沉重了。

展　望

　　有一天，你将带孩子离开幼儿园。整理沾满可可粉的儿童书包，收好孩子的手工艺品和放在学校的衣服，结束幼儿园的时光。

　　你和孩子新的生活阶段要开始了，孩子即将上小学啦！一些父母会觉得还没做好上学的准备，而另一些父母已经迫不及待想让孩子接受新的挑战了。如果此时，孩子可以自己穿衣服、自己上洗手间、自己整理个人物品并将它们放在袋子里，那就已经很棒啦！能够做这些事，他们就可以更容易地管理自己的生活。为孩子准备容易穿脱的衣服，比如孩子可以自己扣紧纽扣或拉上衣服的拉链、穿好带魔术贴的鞋子，这将使他们产生这样一种感觉：自己可以做所有事情！

　　许多父母在这个时候会认真思考，自己的孩子到目前为止已经取得了什么成就、已经拥有了哪些能力。对于那些必要的事项，孩子的掌握程度如何？毕竟不久之后孩子们就要展示自

己的这些能力了。但是我主张从不同的角度看待事物,应重视那些孩子已经具备的能力。孩子可以数到一百、知道颜色的名称,认识最重要的几何形状,那很好,但是这些能力并不代表孩子在人生最初几年中学到的东西。

你的孩子在这几年里学会了奔跑,学会了说话,拥有了自己的幽默感,学会了直观地感知房间中人们的情绪,并学会了适应不同的人。

这些都是孩子到目前为止所获得的能力,他们因此非常有成就感。孩子已经走过了很长一段路,这个过程无比深刻。就拿这段路作为人生的起点,然后继续学习字母和乘法表吧。更加精彩的人生即将开启!

致　谢

许多人为本书做出了贡献，不只是直接的支持，他们在这个专业领域的文章和研究成果都令我受益匪浅。儿童心理学领域正在发生着许多变化，但许多重要因素依旧保持不变：孩子仍然是孩子，人们与生俱来的人际交往需要，恐惧和渴望的感受等都没有改变。

丹麦心理学家和家庭治疗师杰斯珀·朱尔以及他的FamilyLab网络不仅对我个人有所帮助，也是我专业上的灵感来源。他倡导尊重儿童并及时回应他们，这个主张改变了许多国家的人对待儿童的方式，直到今天，人们对待孩子的态度已经变得大为不同。

关于儿童认知发展的新见解也已大量纳入本书。心理学家丹尼尔·休斯和丹尼尔·西格尔在过去的20年中为该领域贡献了宝贵的成果。

我要特别感谢挪威家庭治疗领域的先驱佩·埃里克森。脱离父母或家人孤立地看待孩子毫无意义，要将他们结合起来考虑。给父母提供帮助也将对他们的孩子产生影响。埃里克森在面对几乎无法克服的问题时所持有的好奇心和乐观精神始终激励着我。

安娜·约根不仅是我认识的最友好的人之一，还是我在诊疗室的伙伴和最好的朋友。我们建立的小型心理科学社区不断发展壮大，并组织了卓有成效的讨论，为我的专业发展做出了很大贡献。

对我的工作贡献最大的还是来我的诊疗室咨询的家长们，我每天与他们打交道，在实践中和讲座中与父母、教育工作者和其他专家进行接触，与他们讨论和交流各种相关问题、故事和想法。这给我带来了动力，一次又一次地扩展了我的知识，使我拥有了更多的参与伙伴。作为治疗师，我衷心感谢与我打过交道的每个人，他们问我问题，听取我的建议，在谈话中哭泣或大笑。我希望在未来会有更多的时间进行这样的沟通。

最后我还要感谢我深爱的家人们，我的伴侣克杰蒂尔和三个儿子马克斯、克拉斯和米克尔，如果没有你们的支持、耐心和陪伴，以及作为我在儿童心理学领域真正的"陪练"，我将不会有这么丰富的认知和感悟。

参考文献

Abbott, Rob, Burkitt, Esther (2015):
Child Development and the Brain.

Brandtzæg, I, Torsteinson, S, Øiestad, G (2013):
Se barnet innenfra. Hvordan jobbe med tilknytning i barnehagen.

Crowly, Kevin (2017):
Child Development. A practical introduction.

Dunn, Judy (1985):
Sisters and Brothers. The developing child.

Dweck, Carol S. (2000):
Self-theories. Their role in Motivation, Personality and Development.

Hughes, Daniel (2012):
Parenting a Child with Emotional and Behavioural Difficulties

Juul, Jesper (1996):
Ditt kompetente barn – på vei mot et nytt verdigrunnlag i familien.

Juul, Jesper (2014):
Aggression – en naturlig del af livet.

Powell, B, Cooper, G, Hoffman, K, Marvin, B (2014):
The Circle of Sercurity Intervention.
Enhancing Attachment in Early Parent-Child Relationship

Siegel, Daniel J, Hartzell, Mary (2004):
Parenting from the Inside Out